Schnee im August   Michael Hametner (Hg.)

D1704227

Die besten Geschichten
aus dem MDR-Literaturwettbewerb 2015

Schnee im August

Herausgegeben von Michael Hametner

poetenladen

Erste Auflage 2015
© 2015 poetenladen, Leipzig
Alle Rechte vorbehalten
ISBN 978-3-940691-70-5

Illustration und Umschlaggestaltung: Miriam Zedelius
Druck: Pöge Druck, Leipzig
Printed in Germany

Poetenladen, Blumenstraße 25, 04155 Leipzig, Germany
www.poetenladen-der-verlag.de
www.poetenladen.de
verlag@poetenladen.de

INHALT

DER TRAUM VOM PREIS

Ein Rückblick auf 20 Jahre MDR-Wettbewerb

Michael Hametner

Was hat sich verändert – bei den Themen und Schreibweisen? Bei den Autorinnen und Autoren, die sich mit ihren Kurzgeschichten beteiligen? Diese Fragen bewegt das Vorwort zu Band 20 in der Reihe der Jahresanthologien im MDR-Literaturwettbewerb. 20 Jahre MDR-Literaturwettbewerb bedeuten allein hier in veröffentlichter Form dieser jährlich erscheinenden Anthologien rund 400 Kurzgeschichten. (Es dürften mehr als 25.000 Kurzgeschichten gewesen sein, die in den 20 Jahren auf dem Postweg den MDR erreicht haben.)

Es sei noch einmal an den Grundgedanken erinnert, der diesen Literaturwettbewerb 1995 an den Start geführt hat. Nach der Friedlichen Revolution im Herbst '89 hatte nach vierzig Jahren schmerzlicher Trennung am 3. Oktober 1990 die deutsche Wiedervereinigung begonnen. Etwas, was viele der damals Beteiligten berechtigt als Wunder bezeichnen. Es bedeutete vor allem für die Menschen im deutschen Osten gravierende Veränderungen, die tief in ihr Leben einschnitten. Ob davon nicht auch in Geschichten zu erzählen sei, ja, erzählt werden müsse? Warum sollte nicht ein öffentlich-rechtlicher Radiosender – wie der gerade Dank der deutschen Wiedervereinigung 1992 neugegründete MDR – ein schnelles Forum zur Veröffentlichung dieser Kurzgeschichten sein? Ein schnelles und zusätzliches Forum, fiel es doch vielen neuentstandenen, aber beim Agieren auf dem Markt ungeübten Verlagen schwer, neue Belletristik durchzusetzen. Es war die Zeit, als die West-Verlage sich um die Großen der DDR-Literatur rissen – Braun, Wolf, Hein, de Bruyn –, selten aber um neue Namen.

Wurden in den ersten Jahren dem MDR-Literaturwettbewerb Kurzgeschichten vorgelegt, in denen die Geschichten zu lesen waren, für die die Themen und Stoffe sprichwörtlich auf der Straße lagen? Kurt Wünsch, Schriftsteller des Jahrgangs 1939, erzählte im Wettbewerbsjahrgang 1996 unter dem Titel *Gauloises Blondes – Freiheit für Dich* von zwei arbeitslos gewordenen Chemiearbeitern, die sich über ihr persönliches Schicksal mit der Freiheit, zwischen vielen Zigarettensorten wählen zu können, hinwegtrösten. »Jetzt haben wir doch die Freiheit auszuwählen«, sagt der eine. »Nee«, sagt der andere, »ich gehe kein Risiko mehr ein.« Kurt Wünsch hatte Erfahrungen mit der neuen Freiheit in diesen Jahren pointiert in eine Kurzgeschichte gefasst. Der 1940 in Leipzig geborene Gunter Preuß stellte in seiner Kurzgeschichte *Grüner Mond* die Lust an der Freiheit neuen Ängsten gegenüber. Beide Autoren hatten in diesen Jahren keine Verlage hinter sich, die interessiert waren, ihre Geschichten zum Buch zu machen. Beide gewannen mit ihren Geschichten den Hauptpreis nicht. Er ging an Henner Kotte für eine Kurzgeschichte über eine Familientragödie, erzählt aus der Perspektive des ahnungslosen Kindes. Trotzdem: Für Wünsch und Preuß und viele andere Schriftsteller in dieser Zeit war der MDR-Literaturwettbewerb gemacht.

Auch dem jungen Clemens Meyer, damals im zweiten Jahr Student am Deutschen Literaturinstitut, hatte der Wettbewerb etwas zu bieten. Er bot ihm für seine Kurzgeschichte *Kinderspiele* einen ersten öffentlichen Testlauf. Meyer gewann auf Anhieb den Hauptpreis im Jahr 2001, da existierte der Wettbewerb sechs Jahre. Die Preisgeschichte *Kinderspiele* eröffnet später seinen ersten Roman *Als wir träumten*. Zwar erzählt er darin ganz im Sinn des Wettbewerbgedankens vom neuen Freiheitsgefühl ostdeutscher Jugendlicher, das für einige von ihnen tragisch endet – Randbewohner bleibt Randbewohner –, aber Meyer nutzte den Wettbewerb nicht nur als Stoff- und Themen-Küche. Er wollte erfahren, wo er literarisch steht. Als er durch den Preis feststellte, dass er ziemlich weit vorn stand, kam sein Romanprojekt in Fahrt.

Bald waren es nicht mehr die Extra-Themen der ostdeutschen Autoren, die den Wettbewerb dominierten, sondern gesucht wurde die Gelegenheit, sich literarisch öffentlich zu zeigen. Es hatte für den MDR nicht länger Sinn, den Wettbewerb nur für Autoren aus Mitteldeutschland auszuschreiben – wie die ersten sieben Jahre geschehen. Auf dem Weg des Zusammenwachsens im Verlauf der deutschen Einheit waren auch die Themen und Stoffe in der Literatur dabei zusammenzuwachsen. 2003 holte der 1971 in Hamburg geborene Nils Mohl – inzwischen bereits mit drei Romanen beim ROWOHLT-Verlag zuhause – einen Preis mit einer fein gearbeiteten Trennungsgeschichte (nicht von zwei Staaten, sondern von Mann und Frau!), in der er die Möglichkeiten der kurzen Prosa auskostete. Der MDR-Literaturwettbewerb war ins Offene gekommen. Die Zahlen der Teilnehmer überschritten schnell die Tausender-Marke und bald auch die Zweitausender. Der Wettbewerb war zum deutschlandweit meistgesuchten für Kurzgeschichten geworden. Gesucht vor allem vom literarischen Nachwuchs. Autoren mit bekannten Namen blieben über die Jahre mehr und mehr aus. Vielleicht war es ihnen nicht geheuer, als Anonymus mit ihren Manuskripten auf den Schreibtischen der Juroren zu liegen. Ausnahmen blieben Kathrin Schmidt, Tanja Dückers, John von Düffel, Peter Wawerzinek und einige andere.

Die Attraktivität des MDR-Wettbewerbs mag viele Gründe haben. Vielleicht weil für die Form der Kurzgeschichte nur wenig öffentlich bekannte Wettbewerbe ausgeschrieben sind, sie aber literarisch sehr attraktiv ist. Attraktiv auf der einen Seite, aber auf der anderen dem Autor auch viel Formbewusstsein abverlangend. Wie schafft man es, dass im Text nur das eine Siebtel des Eisbergs sichtbar ist, aber die anderen sechs Siebtel spürbar werden, wie es Hemingway von der Kurzgeschichte verlangt hat? Von einem Argument wissen die Wettbewerbsmacher, dass es viel zur Attraktivität des Wettbewerbs beiträgt: sein anonymes Bewertungsverfahren. Alle eingesandten Kurzgeschichten liegen den Juroren anonym vor. Sie finden an Stelle des Autorennamens eine Zahl vor, die jedes Manuskript bei Annahme nach Reihenfolge des Eingangs erhält. Bis die Finalrunde mit den sieben Kandidaten für die Endrunde bestimmt ist, kennen die Juroren keinen Verfassernamen!

Dass der MDR verantwortlich mit den Einreichungen umgeht – in diesem 20. Jahr sind es 1777 vorgelegte Kurzgeschichten – und sich ein späterer Preisträger schon etwas auf seinen Preis einbilden kann, wird daran erkennbar, dass der Siegertext durch die Hände von 16 Juroren gegangen ist. Neun Vorjuroren und sieben, die am Abend der Finalrunde die Entscheidung über die Preisträger treffen. Es mag trotzdem mancher Klasse-Text übersehen worden sein, aber viele können es nicht gewesen sein. Dafür spricht die stolze Liste der Preisträgernamen: von Clemens Meyer bis Katja Oskamp, von Franziska Gerstenberg bis Thomas Pletzinger, von Leif Randt bis Matthias Nawrat, von Finn-Ole Heinrich bis Andreas Stichmann. Fast alle sind mit ihrem Label »Gewinner des MDR-Literaturpreises« danach von großen Verlagen angeschaut und nicht selten unter Vertrag genommen worden. So soll es sein in der überfüllten Szene neuer Namen und neuer Stimmen, die Eingang in die Literatur verlangen. Die deutsche Gegenwartsliteratur braucht die Vorauswahl durch literarische Wettbewerbe. Sie braucht Bewegung. Nicht, weil alte Namen zu ersetzen sind, sondern weil die neue Generation neue Geschichten zu erzählen hat, die wir nicht verpassen dürfen.

Es ist ein starker Reiz, der von der Kurzgeschichte ausgeht: Sie kann kleine und große Weltwahrnehmungen aufspüren und muss sie auf knappstem Raum formulieren. Dieser Reiz steht mit dem 20. Band der Jahresanthologien dem Leser zur Entdeckung bevor. Er findet hier – nach Meinung des Herausgebers – die 25 besten Kurzgeschichten des Jahrgangs 2015 versammelt. Weil die Auswahl quasi bis zur letzten Minute für die sieben Finalisten offengehalten worden ist, sind auch die Preisträger des Jahrgangs 2015 darunter.

Keine Geschichte ist wie die andere!

DRAUSSEN
Martin Ahrends

Im Gefieder einer Taube gleitet Hans auf die Grenze zu, dicht über den Birken, die den Wall bewohnen, den abgebrochenen Kreuzungsarm. Die Taube schlägt nicht mit den Flügeln, sie schwimmt in der Luft wie eine Luftmatratze. Hans drückt sie mit den Knien, und bei jedem Zudrücken rutscht die Taube ein Stück weiter in der Luft, als säße sie auf Geleisen. Von unten her wird ein Netz geworfen, ein fein geflochtener Käscher schleudert durch die Birkenkronen. Jemand will sie fangen, die Taube und ihn, Hans wagt einen Blick nach unten: Da zielt und stößt der Schauspieler den Käscherstock nach ihnen und schickt seinen spitzen Blick aus blitzblanken Äuglein. Hans duckt sich in die Federn, er drückt die Taube so sehr er kann, und zwischen seinen Beinen zuckt es ins Gefieder und verschwindet darin. Plötzlich liegt die Grenze unter ihnen. Die breitete Schneise zieht sich grell beschienen in den dunklen Wald hinein. Hochspannung summt von unten her. Rechts und links gleißt glatt geharkter Sand, in der Mitte säumen zwei schwarze Stacheldrahtgeflechte einen Erdspalt, viel zu tief und breit, um ihn zu überspringen. Wie gut, denkt Hans im Traum, dass ich hier oben bin und ahnt schon, dass er da hinunter muss. Zwei Grenzer lümmeln im Gras. Als würden sie seinen Blick spüren, schauen sie nun zu ihm auf, viel zu langsam nehmen sie ihre Flinten von den Schultern, legen an, lachen laut und schießen auf die Taube, die in Zeitlupe zerfleddert und in kleinen Flocken niederfällt. Bartusch, Mann, ich bin's, ich hab dir Zigaretten mitgebracht, schreit Hans und kriegt dabei den Mund nicht auf. Mit der zerstiebten Taube stürzt er in den Erdspalt und erwacht vom eingeklemmten Aufschlag irgendwo tief drunten.

Sein Laken klebrig nass, er merkt gleich, was geschah. Wenn es im Traum passiert, ist es am schönsten. Er würde sich gern genau erinnern, weil etwas aus dem Traum ausragt, eine Zärtlichkeit fürs Draußen. Vom offenen Fenster her die frisch verklungenen Schüsse, die er geträumt hat. Hans steht auf, um das Fenster zu schließen, schließt es aber nicht, sondern sieht hinaus. Es ist ganz warm da draußen, körperwarm. Die Nacht ist wie ein großer warmer Körper. So vor der Nacht zu stehen, ihr gegenüber Brust an Brust. Wo ist das Auge der Nacht? Irgendwo dort oben wohl, über den Bäumen. Da geht ein leichter Wind, als würde sie zu ihm sprechen, die Frau Nacht. Plötzlich hat er unbändige Lust, nackt seine Pappel zu besteigen. Nackt steigt er aus dem Fenster, lässt sich auf das Gesims über der Haustür, steht so, den Bauch am Mörtelputz und kann in sein Zimmer sehen, stellt sich vor, wie ihm wäre, wenn sich nachts ein Kopf so in den Fensterausschnitt heben würde, hebt so seinen Kopf langsam von unter her in die Fensteröffnung. Aber da liegt ja niemand mehr, das Bett bleibt klebrig warm allein, und er ist in der Nacht, die ihn von hinten her umfängt.

Ob sich da oben etwas von den Schüssen zeigt, die Nacht wohl Löcher hat, aus denen schwarzes Blut rinnt? Mit nackten Sohlen steigt er in die Äste, die jetzt wie matte Glieder sind, bis in den warmen Nachtwind auf steigt er, die Gliedmaßen der Pappel werden desto biegsamer, je höher. Dann hält er sich am dünnen Stamm und schließt die Augen. Die Pappel wiegt sich wie in leichtem Schlaf, wird schwer an ihrem Gast, sie biegt sich weiter aus und scheint es zu genießen. Hans hält nach der Grenze Ausschau, über Wipfeln steigt der helle Schein der Neonpeitschen auf, die Helle strömt aus in die Nacht, Geriesel scharfkantiger Pixelsternchen von der grellen Spalte her. Er fühlt sich frei wie nie und nirgends drunten und am Tag. Alles schläft, niemand kann ahnen, wo er ist. Er ist im Unvorstellbaren.

Schultag. Die Mutter schließt die Haustür hinter ihm, er riecht die frische Luft. Immer ist es so anders draußen. Das Draußen hält den Atem an. Droben brummt leise ein Propellerflugzeug, eine Tür schlägt in der Kaserne nebenan, der Schlag bleibt in den unbewegten Kiefernwipfeln hängen und mischt sich dort mit Vaters Chatschaturjan, der gedämpft durchs Bodenfenster dringt. Noch etwas ist hier draußen, das er nicht hören kann, das niemand hören kann. Es ist in der Luft, seit sie den Übergang geschlossen haben: Alle warten, dass er wieder aufgemacht wird, dürfen es nur nicht zeigen, müssen so tun, als wär es ihnen egal. Und allmählich ist es ihnen wirklich egal. Dies Egalsein liegt in der Luft. Hans springt aufs Rad und tritt in die Pedalen.

Als er am Nachmittag aus der Schule kommt, sucht er im ganzen Haus nach der Mutter. Hans darf jetzt laut sein, der Vater ist zur Probe, nicht zu laut, falls die Mutter schläft, aber er muss nicht durchs Haus schleichen. Jetzt hört er seine Geräusche und hört, wie klein sie sind, wie kurz, dass sie nicht nachhallen, sondern gleich verschwinden dort hin, wo sie herkamen, ins Türschloss, in die Bodenfliesen, in den Garderobenhaken, an den er seine Jacke hängt. Das Wohnzimmer ist leer, das Parkett knackt und saugt das Knacken wieder auf, im leeren Garten sind Vogelstimmen, die drinnen als getschilpte Krümel ankommen. Er hört das so genau, weil er auf ein Geräusch der Mutter lauscht von oben her. Hans steigt ins Obergeschoss. Aber auch dort ist die Mutter nicht. Sie ist sonst immer da oder legt einen Zettel hin. Hans schnappt sich ein trockenes Brötchen aus der Speisekammer und beschließt, die misslungene Heimkunft einfach zu streichen und sie später nachzuholen. Er stellt den Ranzen in sein Zimmer, erstmal raus, abends wird sie wieder da sein.

Erstmal raus an die frische Luft, sagt er halblaut zu sich selbst, wie es die Mutter sagen würde. Die Luft von Osten, klar und kühl. Bleibt stehen an der Gartentür, lehnt den Kopf auf den Pfeiler, schaut sich die vergilbenden Einzelheiten an, die Gehölze und Gräser, von denen die Mutter so viel weiß. Strähniges, schütteres Grashaar, hellbraunhäutiges Gesträuch, daran in Reisefarben letzte Blätter, die nicht nur so herunterfallen wollen, sondern fliegen.

Über die kaum befahrene Straße biegt er in die noch seltener befahrene Nebenstraße ein, wo sie manchmal noch Völkerball wie früher spielen. Zwischen den Waldgrundstücken Kiefernnadelteppich, Moos und Büschelgras, weiter hinten dichtes Strauchwerk, um sich zu verstecken. Verstecken spielen sie gar nicht mehr. Niemand ist auf der Straße, auch kein Lärm zu hören von den Andern. Jetzt sieht er sie im Wald, Rita und Birgit flüstern miteinander, Klaus steht vor der großen Birke, ritzt was ein. Hans stellt sich hinter ihn, entziffert: 9.9.62. »Das ist heute.« Klaus guckt ihn prüfend an. Dann schreibt er seinen Namen. »Zur Erinnerung«, sagt er. – »Wohin geht's denn?«, fragt Hans, »zieht ihr weg?« – »Quatsch, und jetzt hör auf.« Klaus klappt sein Messer ein und trottet zu den Mädels, die sich auf der Straße den Ball zuwerfen und nach Klaus gerufen haben. Aus Kiefernnadeln streuen sie das Spielfeld. Klaus und Rita sind die eine Mannschaft, Hans und Birgit sind die andere. Die Mädels werfen lasch, aber es ist gut, ihnen dabei zuzusehen.

Die Mädels rennen kichernd in den Wald. Sie tuscheln lang. Und als sie fertig sind, ruft Rita: »PiPo!« – »Die Mädels fangen an«, sagt Klaus. Birgit tritt vor, sie steckt den Saum des Kleides in den Gürtel, dass man ihren Schlüpfer sehen kann. Dann, blitzschnell, reißt sie ihn runter-hoch, dreht sich, reißt ihn noch einmal runter-hoch, wobei es mehr zu sehen gibt, weil sie sich dabei bückt. Aber ein Hintern ist ein Hintern und kein Vordern. »Was vorn ist, hätte mich mehr interessiert«, sagt Hans, »die haben da so schöne schwarze Haare dran.« Und wundert sich, wie er auf einmal redet über das. Wie Klaus, um ihm zu imponie-ren. »Mein Alter ist auf Schulung«, sagt Klaus, »der Moment ist güns-tig. Ich hau ab heute Nacht. Oder denkst du, ich halt das hier aus mit dem? Nee, ich hau ab. Heute Nacht hau ich ab, ich weiß, wann die Pa-trouille gehen. Und du hältst den Mund, klar?« – »Sowieso. Und wo willst du wohnen?« – »Bei meinem richtigen Vater natürlich. Der hat da ne Wohnung mit Balkon. Und ein Auto.« – »Pass bloß auf«, sagt Hans, »lass dich nicht abknallen.« Klaus schmeißt die Mähne und guckt in den Himmel.

Schon von weitem hört er lautes Lachen der Erwachsenen, stellt das Rad in die Garage, schaut vorsichtig um die Ecke. Die Mutter ist wie-der da. Auf dem Gartentisch das Kaffeegeschirr und die große Schüs-sel mit Erdbeeren. Es ist wie immer, er kennt alle Gäste. Aber sie haben nie so laut gelacht, so, als wären sie auf einer Bühne. Hans fragt sich, wo das Publikum ist und stellt fest, dass sie selbst ihr Publikum sind, dass sie sich selbst etwas vorspielen.

Die Kugel des Pianisten hat die Kugel der Organistin berührt, er holt sich ihren Ball, legt ihn vor seinen, den er mit dem Fuß festhält, schlägt zu, schreit auf und hüpft auf einem Bein vor Schmerz. Aber auch das ist Theater. Gelächter. Niemand hat gesehen, dass der Ball unter den Rhododendron gerollt ist. Jetzt suchen sie. Ein Weilchen guckt er zu, dann tritt Hans hinter seiner Ecke vor, geht auf den Rhododendron zu und holt den Ball hervor. Jetzt sagt er reihum Guten Tag. Anna, die Tochter des Krimiautors hat am Rand im Liegestuhl gesessen und gelesen, jetzt kommt sie gesprungen, um ihn zu begrüßen. Sie kennen sich lange, aber es ist, als sähen sie sich das erste Mal. Anna ist plötzlich eine Frau, sie ist noch nie so auf ihn zu gesprungen, hat ihn noch nie so angesehen. »Man sollte ein Mäuerchen bauen«, sagt der Schauspieler, »gegen verirrte Kugeln, die sich davon machen wollen.« – »Mancher glaubt, die Verirrten zu finden, wenn er auf den Busch klopft«, sagt der Krimiautor. Die beiden Männer sehen sich an. Auch die Anderen halten inne. Dann sagt die Frau des Krimiautors mit dieser näselnden Walter-Ulbricht-Stimme: »Niemand hat die Absicht, eine Mauer zu errichten …« Allgemeines Lachen, etwas schrill. Jetzt müsste der Schauspieler mit einem Käscher nach versprengten Kugeln suchen, Hans hat das Bild klar vor Augen, woher nur. Der Krimiautor nimmt die versprengte Kugel in die Hand, hält sie auf Augenhöhe und spricht zu ihr, merkwürdig laut und deutlich: »Nicht wahr, wir finden immer Mittel und Wege, um durch den Gartenzaun zu schlüpfen …« Die Mutter hält sich den kranken Bauch, sagt lächelnd, sie müsse sich hinlegen und geht ins Haus. Wer eigentlich dran sei, fragt der Vater. Sie nehmen das Spiel wieder auf, und Hans bewundert ihren Stil, er bewundert diese Künstler, die aus einem Erdbeernachmittag ein Kunstwerk machen, nur so. Weil es ihnen Vergnügen bereitet und weil sie sich nicht einschüchtern lassen, von nichts und niemandem. So einer will er auch mal werden und sein Leben soll ein Kunstwerk sein.

Plötzlich weiß er, dass er das alles schon einmal geträumt hat. Anna kam auch in diesem Traum vor, oben waren sie, im Dachboden. Der

Tag will einen Traum nachahmen, und Hans hat große Lust, das Seine dazuzutun. Er will mit Anna auf den Dachboden, mal sehen, was dann passiert. Er hat das Bild von der abfliegenden Taube, darauf das Mädchen, bäuchlings.

Wie sie da sitzt und liest, wie in einem Gemälde. Jetzt hat sie seinen Blick bemerkt und spielt »lesen«. Als sie zu ihm aufsieht, gibt er ihr ein Zeichen, mit ins Haus zu kommen. »Ich hab da oben einen Detektor mit Westsendern«, sagt er, als sie durch die weit offene Terrassentür ins Haus gehen. Der Detektor ist auf dem Hängeboden versteckt, dahin eilt er ihr voraus, schließt leise die Bodentür hinter ihnen. Der Hängeboden ist nur von der Dachluke beleuchtet, im Dämmer erklärt er ihr die Innereien mit dem Drehkondensator, reicht ihr den Kopfhörer … Etwas daran ist seltsam, wie sie den jetzt aufsetzt, wie er ihr jetzt auf den schönen Haaren kauert und ihr die Ohren verschließt wie ein böses Tier. Hans reicht ihr das kleine schwarze Gerät mit dem Drehknopf: »langsam«, sagt er, »ganz langsam.« Sie dreht am Knopf und lauscht. Sie schaut nicht mehr aus sich heraus und lächelt plötzlich: Jetzt hat sie was gefunden. Jetzt wippt sie mit dem Kopf, jetzt in den Knien. Sie spielt ihm nichts vor, sie zeigt sich, wie sie ist. Hans sieht ihr gebannt dabei zu, wie sie die Musik mit sich machen lässt, die aus dem fernen, nahen Westen in den Hängeboden dringt und hier im Halbdunkel herumschwirrt. Mädchen, denkt Hans, sind Mitsichmachenlasser. Ohne viel zu erkennen, sehen sie sich an und stehen etwas kipplig voreinander. Hans steigt rasch auf die Leiter, öffnet die Luke, wirft die Antenne aus, sieht fragend zu ihr in den dunklen Boden. Sie nickt, und kommt nun auch die Leiter hoch. Sie stehen eng, drehen die Köpfe zueinander, küssen sich flüchtig. Umarmen sich, fühlen den raschen Atem des Anderen. Hans nimmt ihr den Kopfhörer ab und hängt ihn an den Schornsteintritt. »Hier oben hat man besseren Empfang«, sagt er, um etwas Harmloses zu sagen. Das Schweigen und Umarmen wird ihm unheimlich, weil er nicht genug davon kriegen kann, weil es ihn in etwas hineinziehen will, das noch unheimlicher ist. »Man kann die Luft aussieben mit so einem Antennenfaden, man kann alles hören, sogar den Kosmos und die Sterne«, behauptet

Hans, »man kann damit hören, was längst vergangen ist und was noch kommen wird.« – »Auf welchem Sender?«, will Anna wissen. »Auf keinem Sender«, sagt Hans, »aber dazwischen. Zwischen den Sendern kann man hören, was in der Luft liegt, ob es Gewitter gibt oder Krieg. Aber man muss das Rauschen verstehen.« Anna schaut ihn bewundernd an, gleich wird sie die Augen schließen und die Lippen schürzen.

DIE VIELFALT DER ENTWICKLUNGEN
Rasmus Althaus

Claras Geburt war ein Albtraum. Die Wehen hatten sich über 36 Stunden hingezogen, Katrin war vollkommen entkräftet gewesen, noch ehe sie überhaupt in den Kreißsaal verlegt worden war und David hatte in der Zwischenzeit, um das Nichtstun zu ertragen, ununterbrochen mit Freunden und Bekannten telefoniert, auch wenn diese sich wahrscheinlich gar nicht immer für den aktuellen Stand der Geburt interessiert hatten. Es ging am Ende nicht anders als mit einem Kaiserschnitt, den sie, aber so zynisch wollte David nicht denken, auch sofort hätten haben können.

Es war der 11. September. David ging, als Mutter und Kind endlich gut versorgt waren, euphorisch, nervös und vollkommen übermüdet den weiten Weg zu Fuß nach Hause und dachte an den schwarzhaarigen, kleinen Kobold, der in sein Leben getreten war.

Spätabends erreichte er den Walderseeplatz. Er hielt den Schlüssel schon in der Hand, als er, wie er es später für sich nannte, einen ungewohnten Ton hörte. Auf der hell erleuchteten Bühne des *Airbase* glaubte er zum ersten Mal in dieser Gegend einen Blemmyer zu erkennen.

Bis dahin hatte er die ganze Angelegenheit mit den Blemmyern (und wie sie alle hießen) ignoriert. Die Wellen der Aufregung und die lahme Gischt, die sie im Viertel hinterließen, kannte er zur Genüge: Diskussionen, Bürgerinitiativen, Anfeindungen; am Ende ein runder Tisch, ein Kompromiss.

Es gab schon damals einiges an Gerede, alle glaubten etwas zu wissen, aber niemand hatte ihm gesagt, dass sie singen konnten. Denn da stand der Blemmyer im Licht der Scheinwerfer und sang einen langen, hohen Ton, der traurig und zart zugleich von einem Leid erzählte, das David sich kaum ausmalen konnte. Die Augen des Blemmyers, die ein kleines Stück über den Brustwarzen am Rumpf saßen, schienen geschlossen. Ohne zwischendurch Luft zu holen hielt er den Ton, fiel kurz in eine tiefere Lage, um danach einen noch höheren Ton anzustimmen. Sein Mund, der etwas oberhalb des Bauchnabels saß, wie David fasziniert feststellte, schöpfte aus dem vollen Resonanzboden des Oberkörpers. Das war ein unerhörtes Intervall, wie überhaupt so eine Art von Gesang David damals vollkommen neu war.

Er stand eine ganze Weile auf dem brüchigen Fußweg des Walderseeplatzes und sah über die Köpfe des Publikums hinweg auf die Bühne. Endlich holte der Blemmyer Luft, öffnete die Augen und setzte sein Lied mit einer eher schnellen, fast gesprochenen Passage fort und David schlenderte merkwürdig gerührt die letzten Meter nach Hause.

Einige Tage später, Katrin war mit Clara gerade wieder nach Hause gekommen, unternahm David den ersten Spaziergang mit seiner wie meist schlafenden Tochter. Der Zustand des Fußwegs war grauenvoll, so deutlich hatte David es noch nie wahr genommen. Claras kleiner Körper hüpfte wie ein Ball im Kinderwagen hin und her und David wurde ganz flau bei der Vorstellung, was einem so kleinen Wesen bei solchen Erschütterungen geschehen konnte. Als sie vor vielen Jahren hergezogen waren, hatte das Unsanierte noch zum Charme der Gegend (und den günstigen Preisen) beigetragen. Damit war es aber lange vorbei und viele Anwohner, mit denen David jetzt durchaus mitgehen konnte, wollten die Gehwege gerne im Stil der Jahrhundertwende mit Natursteinen gepflastert haben. Den Blemmyern waren solche Feinheiten eh gleichgültig, vermutete David. Sie hatten diese Gegend nicht mit aufgebaut, sie nicht wie die Alteingesessenen mit viel Eigeninitiative und Kreativität zu einem Kleinod mitten in der Stadt gemacht. Es war David manchmal schon fast zu schön. Die Blemmyer waren dagegen harten Prüfungen ausgesetzt gewesen. Fast alle hatten Verwandte im Bürgerkrieg verloren – oder auf der komplizierten

Flucht nach Europa. Er beschloss, dass er es bis auf Weiteres ganz richtig fand, dass die Blemmyer hier sein konnten.

Dann hatte er den geöffneten Mund des singenden Blemmyers wieder vor Augen. Es war nicht leicht zu sagen, ob die dünnen Locken um Bauchnabel und Mund eine Art Bart waren oder eher Bauchbehaarung, die man, radikal gesagt, auch als unrasiertes Schamhaar sehen konnte. Das war schon ein bisschen eklig, aber durfte natürlich nicht ins Verhältnis gesetzt werden mit der tragischen Geschichte der Blemmyer.

Es war an einem Dienstag im Februar, als er, wie regelmäßig seit dem Jahreswechsel, früher nach Hause kam und mit Clara zum Prager Eltern-Kind-Programm ging. Der auf 28°C geheizte Raum, in dem die Kinder nackt herumkrabbelten, ging ihm wie immer auf den Kreislauf. Clara pullerte in den ersten 10 Minuten drei Mal nacheinander, immer gerade dann, wenn er die letzte Pfütze entfernt hatte. Das war ein wichtiger Teil des Programms, nur schienen ihm die anderen Kinder aus irgendeinem peinlichen Grund viel seltener zu müssen. Erst am Ende fand er einen günstigen Moment, die Kursleiterin, eigentlich eine ausgebildete Physiotherapeutin, auf Claras ausbleibenden Bärenstand anzusprechen. Sie antwortete vorhersehbar, dass die Vielfalt der Entwicklungen etwas Positives sei und nicht durch Wertung, geschweige denn Sorgen herabgesetzt werden dürfe. Sie wurde auch nicht gerne beim PrEKiP zu solchen allgemeinen Dingen befragt.

Auf dem Nachhauseweg sah er seinen ersten Skiapoden. Er lag im Gras des Walderseeplatzes, dort, wo es zu den Sitzbänken hin etwas sandig wird, und hielt die Augen geschlossen. Sein einzelnes Bein mit dem riesigen Fuß streckte er in die tiefstehende Wintersonne, so dass sein Kopf genau im Schatten lag. Überall rannten Kinder umher, er aber lag unbewegt da; ein Bild wie in der Savanne, dachte David. Die Eltern, die auf den Bänken ringsum saßen, erschienen ihm unbesorgt und wie immer.

Das schien David schon damals ein wenig naiv und er sollte Recht behalten. Einmal, früh um acht, war David unterwegs zum *Marketender*, Brötchen holen. Mit einem Mal schoss eine Gruppe von sechs Skiapoden um die Ecke und direkt auf ihn zu. Wäre er nicht gleich einen Schritt zur Seite gegangen, hätten sie ihn wahrscheinlich umgerannt. Oder umgesprungen, denn auf ihrem einen Bein machten sie meterweite Sprünge, schnell wie Rennpferde. Sie machten dabei so ein Geräusch, das klang, als würde jemand sehr aufgeregt »Hai-Hai-Hai« flüstern. Nachdenklich sah David der kleinen Herde hinterher, immer noch an die Hauswand gelehnt.

– »Ich finde es sehr gut, dass Clara mit Vielfalt und Weltoffenheit groß wird«, erzählte er später im Büro. Und nach einer Pause fügte er hinzu: »Ich bin vielleicht schnell zur Seite gesprungen!«

– »Sie können immer noch gerade so ausweichen, wenn sie müssen«, kommentierte ein Kollege.

Das fand David plausibel. Auch auf Wikipedia wurden die Wunderrassen als harmlos beschrieben.

Der Frühling und der Frühsommer kamen. Kurz vor Ostern aß das Clarachen, dem sich mittlerweile kleine Löckchen im Nacken kräuselten, den ersten Brei: Williams Birne. Es klappte für den ersten Versuch erstaunlich gut und Katrin begann bald das Stillen zu reduzieren. Das wiederum machte David größte Sorge, weil Clara zwar gar nicht schlecht, aber doch immer höchstens die gute Hälfte der genau abgemessenen Gläschenmahlzeiten aß. Solche Portionsgrößen, meinte er, waren ja nicht zufällig so abgemessen. Clara wirkte bei all dem zwar normal, verlor aber im Gesicht mit der Zeit den babyhaft-rundlichen Ausdruck.

Mit den Skiapoden gab es auch jetzt, wo sich wieder mehr Leute draußen aufhielten, keinerlei Unfälle. Trotzdem waren die meisten Eltern mittlerweile dagegen, dass sie sich auf den Spielplätzen aufhielten. Vor allem nachts ließ sich das so gut wie gar nicht kontrollieren, auch wenn es eigentlich egal war.

Gelegentlich tauchten auch Essensreste in oder neben den Abfalleimern am Walderseeplatz auf. Meistens eher stinkendes Zeug, halb abgenagte Hähnchenknochen, Brötchenhälften von Hamburgern, Pappbecher. Dass es der Müll der Blemmyer war, ließ sich nicht beweisen, aber die Vorliebe der Blemmyer für Fast Food war kein Geheimnis. Oft war zu sehen, wie sie ihre knappen Gagen für Döner ausgaben, das sie sich fast ohne zu kauen in den Bauch schoben. Das sorgte für böses Blut, es war ja wirklich übelstes Junk Food. Daneben gab es aber auch viele verständnisvolle Stimmen, die daran erinnerten, wie viel Hunger die Blemmyer vielleicht schon erlebt hatten. Der allgemeine Konsens war, dass Hunger ja nicht notgedrungen zu maßlosem Fast-Food-Konsum führen müsse. Eine Untergruppe der Robinienspielplatz-Elterninitiative entwickelte die Kampagne *Essen ja, aber bitte nicht so*, die zur Reinhaltung des Platzes und gegen Verschwendung aufrief und sich natürlich auch an die Blemmyer richtete, was diese nicht zu bemerken schienen.

Wann die ersten Astomi eingetroffen waren, konnte David schlecht sagen; als sie im Spätsommer aus dem Urlaub zurück kamen, waren schon einige da. Sie waren irgendwie umgänglicher als Blemmyer und Skiapoden. Sie kleideten sich stilvoll und bunt. Bald gab es die ersten Boutiquen, die Astomi-Handarbeiten im Angebot hatten. Besonders die gewebten Hängematten und die Babytragetücher waren beliebt. David hörte von einer Bekannten den unwiderlegbaren Satz, dass man ja am Beispiel der Astomi gut sehen könne, wie gerne im Viertel fremde Einflüsse aufgenommen werden. Die Astomi waren klein, feingliedrig und blass. Alles an ihnen war hübsch und normal, nur anstelle des Mundes war da – nichts. Eine Besonderheit, die man mit einem Augenzwinkern überspielen konnte.

Viel zu schnell wurde es Herbst. David schob jetzt auf Spaziergängen den leeren Buggy durch das Herbstlaub und Clara tapste vor ihm her. Immer, wenn sie versuchte, etwas aufzuheben, landete sie auf ihrem wasserdichten Hosenboden. Viele Kinder in ihrem Alter konnten schon sicher laufen und David ging im Geiste noch einmal alle pädagogischen Entscheidungen der letzten Monate durch, natürlich ohne eine Ursache für diese Verzögerung zu finden. Als er Schritte näher kommen hörte, blickte er sich beiläufig um: ein freundlicher Astomi näherte sich leise summend. David setzte ein Lächeln auf, aber der Astomi war mit sich selbst beschäftigt oder konnte aus einem anderen Grund mit dieser Freundlichkeit nichts anfangen. Clarachen zerrte jetzt an einem Knallerbsen-Strauch. Die Knallerbsen durften auf keinen Fall in den Mund gelangen, denn sie riefen laut Wikipedia unangenehme Reizungen hervor. Der Astomi war schon einen halben Schritt an David und dem Kinderwagen vorbei, als er sich plötzlich zur Seite wandte und in einer blitzschnellen Bewegung seinen Kopf in das Einkaufsnetz steckte, das am Kinderwagen baumelte. Erschrocken fuhr David zurück. Der Astomi zog gierig die Luft ein und ließ seine Nasenflügel beim Ausatmen beben.

Da stand David und beobachtete unentschlossen den Astomi, dann wieder das Clarachen, das noch nichts bemerkt hatte. Vielleicht müsste er Clara jetzt doch beschützen, aber er wusste ja gar nicht genau, wovor. Er wurde wütend, und war dadurch noch weniger in der Lage etwas zu tun. Der Kopf des Astomi steckte im Einkaufsnetz, mehr passierte auch eigentlich nicht.

»Es ist eine pädagogische Entscheidung ...«, begann David in Gedanken einen klärenden Satz zu sich selbst. Das war völlig unpassend und er kam mit dem Satz auch nicht weiter.

»Ey!«, rief er schließlich laut. Es sollte drohend wirken, klang aber eher eingeschnappt. Verschämt zog der Astomi seinen Kopf aus dem Netz und lief humpelnd über die Straße davon. David blieb angespannt stehen und sah ihm hinterher. Erst als Clara den Knallerbsen-Ast losließ und auf dem Popo landete, sammelte er sich wieder und hob sie in den Wagen.

Katrin musste ihn irgendwie beruhigen: »Harmlos! Die ernähren sich eben nur von frischem Obstgeruch. Ich finde das eigentlich total schön.«

– »Aber doch nicht von Claras Obst. Gerade, wenn sie nur die Gerüche wollen, können sie doch überall was bekommen.«

– »Es ist aber in den Geschäften nicht mehr erlaubt zu schnüffeln ohne zu kaufen. Neulich habe ich einen Astomi bei Hasan rausfliegen sehen. Hausverbot. Geschnüffelt. Ich kann Hasan ja auch verstehen. Aber ...«

Clara hämmerte mit einem Löffel auf die Tischplatte.

– »Und was, wenn denen jetzt einfällt, dass sie an Clara schnüffeln wollen?«

Katrin lächelte nachsichtig. »Ich bitte Dich, Clarachen riecht nie im Leben nach Obst.«

Sie beugte sich zu dem Kind herunter und schnüffelte gespielt gierig an Claras Nacken.

– »Oder etwa doch?«, fragte sie mit ihrer Babystimme.

Clara begann zu kichern, aber David fand es überhaupt nicht komisch.

»Oh doch, das tut sie, jawohl das tut sie«, wiederholte Katrin wieder und wieder.

HERZ AUS MILCH
Anna Basener

Mein Exfreund hat mir beim Sex zwei Mal den Arm gebrochen. Es liegt an mir. Ich war sehr jung. Er war ein leidenschaftlicher Typ, nicht zu bremsen. So eine heiße Hemmungslosigkeit. Meinetwegen. Damit war nicht zu rechnen. Ich war siebzehn und habe mir nicht vorstellen können, dass irgendjemand einmal meine Bluse aufreißt und Perlmutt glänzende Plastikknöpfe durchs Zimmer fliegen lässt. Schüchtern hatte ich mir Kerzen und romantische Musik ausgemalt – und nicht, dass für beides keine Zeit bleiben würde.

Nun, fürs Krankenhaus war dann Zeit.

Es ist meine Schuld. Wobei Schuld … Ich war jung. Thomas hat mich auch bald verlassen. Hat gesagt, er sähe im Spiegel nur noch so ein Arschloch, das seine Freundin misshandelt. Er könne das nicht mehr ertragen, er könne mich nicht händeln. Das würde sich ja nie ändern, und noch mit Ständer in die Notaufnahme, das wäre keine sexuelle Perspektive. Auch er war sehr jung.

Ob mein Herz gebrochen war? Ich höre schlecht. Ich spreche sehr dünn und hoch. Das Herz ist ein Muskel. Es bricht nicht. Nach vierzig Knochenbrüchen haben meine Eltern und ich aufgehört zu zählen, aber die Männer zähle ich bis heute. Thomas war mein erster, und als er gegangen ist, habe ich geweint. Ein gebrochenes Herz, auch das noch. Mein Rollstuhl ist silbern und auf den Röntgenaufnahmen sieht mein Skelett milchig aus. Seit Thomas mich verlassen hat, trinke ich gern Milch, sie soll starke Knochen machen. Bei mir aber macht sie das Herz stark. Ich glaube nicht, dass ich sie umsonst trinke. Ich habe nach einer Weile aufgehört zu weinen.

»Wie so ein Baby«, sagt mein jetziger Freund immer, wenn er mir abends die Milch warm macht. Dabei will ich Zimt drin haben, und Zimt ist viel zu scharf für Babys. Karlo lacht dann, er necke mich nur. Er ist lieb. Er hebt mich aus dem Rollstuhl und trägt mich aufs Klo oder ins Bett. Je nachdem. Er deckt mich zu oder zieht mich aus. Er streichelt mich und hat mir noch nie was gebrochen. Das Krankenhaus stört ihn aber eh nicht. Er will nur, dass ich keine Schmerzen habe.

Ihm soll es auch gut gehen. Ich sage ihm immer, wie schön er ist, weil er das früher nicht gehört hat. Und ich muss auch auf ihn aufpassen. Ich habe da auch eine Verantwortung. Neben unserem Bett steht eine Blumenvase voller Federn, die niemals zu einer Fraktur führen. Ich bin leise, wenn ich komme, weil meine Stimme ja eher dünn ist. Er ist wohl lauter, aber das hör ich ohne Hörgerät nicht. Und warum sollte ich das Gerät im Bett tragen? Warum sollte ich irgendetwas tragen?

Früher, als ich jung und mit Thomas zusammen war, da habe ich mich geschämt. Ich fand ihn sehr attraktiv, und meine Proportionen sind anders, mein Körper klein und mein Kopf groß. Dass jemand das nackt sehen möchte … Deshalb kam es mir entgegen, dass es früher dank Thomas' Leidenschaft immer so schnell ging und keine Zeit für Betrachtungen blieb. Ich dachte, ich habe eh nichts vorzuweisen, das Thomas' Betrachtung wert ist.

Ich war dumm, heute bin ich schön. Ich liege nackt im Bett und trinke warme Milch. Und Leidenschaft? Ja, manchmal fehlt sie mir. Aber ich bin da eigentlich sehr drüber hinweg. Ich bin nämlich da, wo ich sein soll. Das können wahrscheinlich wenige von sich sagen, und bei kaum jemandem ist es so wahr wie bei mir.

Wir streiten uns immer nur im Supermarkt. Karlo glaubt, dass er Laktose intolerant ist. Ich finde, er stellt sich furchtbar an. Er war deshalb auch nicht beim Arzt, oder so. Er befürchtet, dass der Arzt ihm sagt, dass er was Milch angeht doch sehr tolerant ist. Das sagt Karlo mir natürlich nicht so ins Gesicht, dass er das befürchtet, aber ich kenn ihn gut. Er hält es einfach für sehr erwachsen und männlich, keine Milch zu vertragen. Das schränkt uns bei den Lebensmitteleinkäufen ein. Außerdem isst er gerne Käse, was er sich aufgrund seiner eingebildeten Intoleranz verbietet. Das wiederum macht ihn unleidlich und dann streiten wir uns an der Käsetheke, bevor wir überhaupt bei der Kinderschokolade waren, wo es richtig haarig wird.

Aber sonst sind wir sehr glücklich. Meine Knochen sind stabiler, seit ich über zwanzig bin, und seine Psyche ist es auch. Mein Rollstuhl ist silbern und im Sommer trink ich kalte Milch. Zeit vergeht, ich kann alt werden, wenn ich Glück habe. Und es ist auch gut, dass ich mich niemals für Ponys oder Reiten interessiert habe. Es ist ja nicht so, dass ich alles vermisse. Manches wollte ich eh nie haben.

Hauptsache, man entwickelt sich weiter. Wir wollen das, wir wollen Probleme erkennen und Lösungen testen. Heute gehe ich alleine einkaufen. Karlo und ich wollen uns nicht mehr streiten.

An der Theke probiere ich norwegischen Braunkäse. Er schmeckt wie Karamell, und ich nehme gleich zweihundert Gramm. Sie liegen in meinem Schoß, als ich meinen Rollstuhl drehe und plötzlich vor jemandem stehe, der meinen Namen sagt.

»Thomas?!«

Er nickt. Er lacht. Er freut sich offensichtlich, mich zu sehen. Ich schaue zu ihm auf, ich hatte ihn nicht ganz so attraktiv in Erinnerung. Vor meinem inneren Auge fliegen perlmuttfarbene Plastikknöpfe durch die Luft.

Wenig später fährt mein Rollstuhl leise surrend durch den Park, und Thomas läuft neben her. Wir teilen uns den Käse und Erinnerungen.

Er sagt mir, dass ich gut aussehe. Ich sage nichts. Wir waren so jung und dumm. Und jetzt bin ich klüger. Ich kann zwischen Zeilen und in Blicken lesen.

Meine Behinderung hat ihn damals wirklich überfordert. Er war verliebt in mich, und das Ende unserer Beziehung tut ihm unendlich leid. Kein Wort davon spricht er aus, ich weiß es auch so. Ich habe mich damals hässlich gefühlt, er hat das nie so gesehen. Er hat Knochenbrüche gesehen und dass ich seinetwegen große Schmerzen habe. Sein Schweigen erzählt mir alles. Seine Stimme sagt, dass wir hier nun plötzlich vor seiner Wohnung stehen. Ich sehe die Fassade hinauf, dann seh ich an Thomas hinauf. Er grinst. »Ich würde dir jetzt gern beweisen, dass ich nicht mehr der unordentliche Teenie ohne Gespür für Einrichtung bin, aber ...«

»Aber?« Ich blinzle ihn an. Die Sonne steht hinter ihm am Himmel. »Hast du keinen Fahrstuhl?«

»Doch.«

Schweigen.

Als sich die Fahrstuhltüren vor uns schließen, klopft mein Herz bis zum Zerspringen. Als würde es durch meinen Hals hinaus in den Aufzug hüpfen wollen. Aber es bleibt in mir, ich habe es stark gemacht. Der Fahrstuhl surrt langsam durch das Haus. Wär ich nicht ich, ich hätte jetzt zitternde Knie und Angst, dass mir die Beine wegknicken.

Ich habe Karlo mal gefragt, warum er mich trotz meiner Glasknochen liebt. Ich habe Monate lang keine Antwort erhalten. Dann kam er eines Tages völlig aufgelöst nach Hause. Er habe gerade beinahe ein Verbrechen begangen. Schon wieder. Wir sollten uns trennen. Das haben wir aber nicht.

Ich fahre jetzt hinter Thomas in seine Wohnung und erzähle von meiner Ausbildung und dem Job. Vielleicht sag ich auch etwas völlig anderes, wie ich da so hinter ihm herrolle, den besten Blick auf seinen Hintern.

Wir zerbrechen alles. Die Vase auf seinem Küchentisch, die Bilderrahmen an der Wand dahinter, meinen Arm und mein Bein. Und wie er mich küsst und wie er schreit, wenn er kommt.

Und dann kommt der Krankenwagen.

Ich liege auf der Trage im Fahrstuhl. Um mich herum die Rettungssanitäter und Thomas. Er hält meine Hand. Wir grinsen uns verschwörerisch an. Die Sanitäter tauschen einen Blick.

Sie schieben mich in den Krankenwagen und hieven meinen Rollstuhl hinterher.

»Ich komme mit«, sagt Thomas ihnen.

»Nein«, sage ich.

Er ist fassungslos. Er sei jetzt erwachsen, er würde seine Fehler nicht wiederholen und wisse alles besser, vor allem, wie sehr er mit zusammen sein wolle.

Die Sanitäter wollen los. Ich sehe Thomas an. Plötzlich habe ich sehr starke Schmerzen. »Es tut mir leid.« Ich sinke in mein Kissen.

Ein Sanitäter will die Türen schließen, aber Thomas schiebt seinen Arm dazwischen und zwängt seinen Oberkörper in den Wagen hinein. Es sei nicht nur Sex gewesen, das solle ich nicht denken.

Das tue ich nicht. Ich denke, es ist Liebe. Und selbst wenn es nur Sex wäre: Ich will mit Thomas im Tageslicht auf dem Küchentisch liegen und alles zerbrechen außer meinem Herz. Ich will in seinen Augen schön sein, ich will endlich genießen, was er in mir sieht. Jeden Tag. Das wär schön.

Karlo hat fast ein Verbrechen begangen, hat er gesagt. Er sei ein schwieriges Kind mit einem noch schwierigeren Vater gewesen und nun habe er wenige Worte für seine Taten. Als seine Kindheit in Pubertät übergegangen war, war jedenfalls alles verloren, alle Marker gesetzt und alle Vorlieben in ihm eingebrannt. Psychopathische Eltern – psychopathisches Kind, und eine Therapie ändere auch nicht, was er getan habe. Er habe dadurch nur Schuldgefühle, was natürlich gut wäre und nein, getötet habe er niemanden. Nur ein paar Mal angefasst und dann gleich ins Gefängnis.

Warum er mich trotz meiner Glasknochen liebt? Es dauerte eine Weile, bis ich begriff, dass ich meine Antwort nun hatte. Karlo liebt mich nicht trotz meiner Behinderung, sondern wegen ihr. Ich bin 1,20 m groß und klinge wie eine Neunjährige.

Kein Täter werden. Nicht noch mal Täter werden. Und er wünsche sich doch auch nichts anderes, als dass er erwachsene Frauen mit großen Busen begehre. Ich finde Federn langweilig, aber die können wir ja auch mal weglassen. Es gibt Dinge, die erzählt man seinen Eltern nicht.

Das Herz kennt keine Moral. Es ist ein großes Glück, wenn es zufällig will, was es wollen darf. Thomas sieht traurig aus. Der Sanitäter zieht ihn aus dem Krankenwagen und schließt die Tür.

Er will mich bei sich. Er will mich glücklich machen. Aber wer geht dann ans Telefon, wenn Karlo eine heiße Hemmungslosigkeit hat? Wer lockt ihn dann in ein Bett, wo niemand verletzt wird und alles rechtens ist? Wer, wenn nicht ich?

Ich muss mir noch eine Geschichte überlegen, wie ich zu den Brüchen gekommen bin. Und mein Handy darf nicht zu lange aus sein. Es ist nicht leicht. Karlo und ich sagen oft, dass es doch schön wäre, wenn nur irgendwas im Leben so leicht wäre wie ich. Aber dann wäre es wohl auch so zerbrechlich, und manche Dinge sollen schon halten.

Wir zum Beispiel.

SUPERSONIC ME
Andrea Behrens

Mir gefällt es, wenn das Leben unwahrscheinlich verläuft. Wie eine Geschichte, ein Film oder ein Songtext. Wie etwas, das sich jemand ausgedacht hat, damit ihm die Welt weniger öde erscheint, weniger vorhersehbar. Der beste Song der Welt heißt *Don't stop me now!* von Queen. Das weiß ich genau, denn dieser Song hat mein Leben in etwas verwandelt, das absolut unwahrscheinlich ist. Unwahrscheinlich irre und unwahrscheinlich cool.

Bis zu diesem Sommer fand ich Mädchen überflüssig. Sie waren nichts weiter als jemandes kleine oder große Schwester. Sie saßen im Klassenzimmer auf den Tischen und redeten stundenlang über nichts Interessantes. Manchmal forderten sie einen heraus, kitzelten, piekten, boxten und rannten weg. Doch wehe man ging darauf ein. Sobald sie merkten, wer der Stärkere war, wurde aus Kichern Heulen, aus Witzen wurde Pamperei, und der Spaß war vorbei. In diesen Spielen schien es Regeln zu geben, die ich nicht kannte, geheime Regeln, die keiner kannte, keiner wissen konnte. Außer ihnen natürlich. Jedenfalls, ich ging ihnen lieber aus dem Weg. Was aber immer schwieriger wurde, denn in diesem Sommer schienen sie plötzlich überall zu sein. Wie Ameisen. Sie waren auf dem Sportplatz, im Skaterpark, selbst vor Edies Büdchen, einfach überall. Und sie verbreiteten Unruhe. Obwohl sie wie üblich nichts weiter taten, als dabeizustehen und freche Bemerkungen zu machen, ging von ihnen eine verstörende Energie aus, die an dem faulen Frieden der warmen Sommerabende wackelte wie an einem lockeren Zahn. Wir lästerten über sie und bewarfen sie mit Steinen oder Coladosen und doch hatte sich etwas verändert.

Der erste, der auf die schiefe Bahn geriet, war Alex Hübner. Der war bis dahin ein ganz brauchbarer Typ gewesen. Gutmütig, süchtig nach Fisherman's Friends, den grünen, und ein echt guter Torwart. Eines Tages erschien er mit einer Lederkrawatte über seinem T-Shirt und diesem affigen Strohhut, den er den ganzen Sommer über nicht mehr abnahm.

»Sü-hüß!«, riefen Esther Pawel und Romi Heins, die sich die Nägel schwarz lackierten und sich selbst die Vampirschwestern nannten. Doch anstatt ihnen vor die Füße zu spucken und ihnen Schläge anzudrohen, grinste Alex nur sein gutmütiges Grinsen, bei dem für Sekunden ein grünes *Fisherman's* zwischen seinen Lippen aufblitzte. Als sei er tatsächlich geschmeichelt oder sowas. Immer öfter fehlte er beim Kicken und wenig später ließ er sich gar nicht mehr blicken. Es hieß, er hinge jetzt mit seiner Schwester und ihren Leuten ab. Als er dann aber Hand in Hand mit Jennifer Coroneo über den Schulhof zog, machte uns das echt fertig. Klar, dass wir nicht darüber sprachen. Wir zerstreuten uns, jeder allein mit seinen Gedanken, einsame, harte Cops. Wie Clint Eastwood als Dirty Harry.

Wir waren im Schwimmbad. Jonas und Macke hatten uns Plätze an den Startblöcken freigehalten. Von da hatte man einen guten Überblick und musste nicht erst über die Wiese, die hauptsächlich aus Wespen, Zigarettenkippen und matschigen Pommes bestand. Und man war mit einem Sprung im Wasser: Arschbombe, Köpper, zweifacher Salto, Handstandsprung mit Schraube linksrum oder rechtsrum. Im vorherigen Sommer hatten wir es mit unseren Sprüngen zu einiger Berühmtheit gebracht. Doch dieses Jahr sprangen wir nicht. Wir waren cool. Wir trugen Sonnenbrillen. Wir lauerten.

Natürlich hatte ich schon früher mal Mädchen ins Wasser geschubst. Um sie zu ärgern oder weil sie mir im Weg waren. Dieses Mal schien es auf etwas anderes anzukommen und ich rätselte insgeheim darüber, was es war. Klar wusste ich über die Neuigkeiten Bescheid. Mädchen schminkten sich. Sie bekamen Brüste und ihre Tage, ihre Mütter schrieben ihnen Entschuldigungen für den Sportunterricht. Doch was das Ganze mit mir zu tun haben sollte, war mir schleierhaft.

Ich kam mir einigermaßen bescheuert vor. Trotzdem blieb ich in der Deckung meiner verspiegelten Sonnenbrille am Beckenrand hocken und wartete ab. Schon nach kurzer Zeit näherte sich das saugende Schlapp-Schlapp von Flip-Flops. Macke sprang auf, wir auch. Es war keine große Sache. Wir rempelten sie an und zerrten sie ins Wasser. Die Mädchen kreischten und krallten sich mit ihren Kratznägeln an uns fest, um nach wenigen Sekunden doch mitsamt ihrem Kokosduft, ihrem Klimperschmuck und ihren Flip-Flops abzusaufen. Nur Rakete – die nicht.

Sie war mir vorher nie aufgefallen. Zog immer im Kielwasser von zwei beachtlich großen Blondinen herum. Gegen die war sie klein, mager und eckig. Ihr in tausend rattenschwanzdünne Zöpfe geflochtenes Haar zerrte an ihrem Gesicht und ließ Nase und Kinn spitz aussehen. Im linken Nasenflügel klemmte ein winziger, blauer Stein. Ich bekam Gelegenheit, ihn gründlich zu betrachten, denn anstatt halbherzig herumzufuchteln und zu kratzen, fixierte Rakete mich mit ihren Husky-Augen, stemmte ihre Beine in den Boden und rang mit mir. Sie war stark. Obwohl sie mir nur bis zum Kinn reichte, dauerte es eine ganze Weile, bis ich sie an der Beckenkante hatte. Genau in diesem Augenblick, in dem ich ihr den entscheidenden Stoß versetzte, mitten im freien Fall über dem Wasser, schnellte ihre Hand hoch und schnappte sich meine Haifischzahnkette. Ich hatte keine Chance.

Wir zischten runter wie Tornados, glatt durch eine gewaltige Wolke prickelnder Blubberblasen, hinab auf den stillen, glasigen Grund. Hoch über uns trieben träge Schlieren aus blauem Licht, ab und zu aufgerührt von zuckenden, geisterbleichen, kopflosen Körpern. Rakete hielt meine Kette so fest, dass sie in meinen Nacken schnitt. Ihr Gesicht war ganz nah, so nah, dass die silbrigen Perlenschnüre ihres Atems meine Nase kitzelten. Glitzersplitter funkelten in ihren Augenbrauen. Blaue Schatten spielten mit den Sommersprossen auf ihrer bleichen Haut. Ihr Haar wurde lebendig und wand sich wie Tentakel um ihren Kopf.

Es gab keine Welt mehr, keine Zeit. Jemand hielt die STOP-Taste gedrückt, während wir schwerelos im Raum festhingen wie Zwillingsplaneten in einer anderen Dimension. Mein Herzschlag wurde langsamer. Stille sickerte in mich rein, Tropfen für Tropfen. Um uns herum funkelten Galaxien aus Luftblasen, Lichtstrahlen und winzigen Schwebeteilchen. Und wir, Rakete und ich, waren mittendrin. Rakete schaute mich an.

Als wir wieder auftauchten, vielleicht Sekunden, vielleicht auch Jahre später, traf mich die gleißende, laute Welt wie ein Schlag auf den Kopf. Benommen paddelte ich zum Beckenrand, hievte mich rauf. Rakete war schon oben, zog Wasser und Rotz hoch und fasste sich dabei an die Nase. Sie erstarrte, ging in die Knie und strich mit der Hand über die Betonplatten. Plötzlich drehte sie ihr Gesicht zu mir. »Piercing-Stecker ...« Sie hielt mir Daumen und Zeigefinger nah beieinander vor die Nase. »... mit einem blauen Stein.« Ihre Stimme passte zu ihr, klein und irgendwie eckig. Ich musste mich zusammenreißen, um sie nicht blöde anzugrinsen. Ihr schien die Sache richtig nahe zu gehen. Ein schmaler Streifen flüssiger Wimperntusche rann aus ihren weit aufgerissenen Augen und einer ihrer Eckzähne bohrte sich in ihre Unterlippe. Sie tastete weiter den Boden ab. Jonas, Macke und ich standen dabei wie die Zirkusbären, linkisch und ratlos.

Wer weiß, was passiert wäre, wenn Jonny-the-Walker Kretschmar, Bademeister und Hobby-DJ, nicht plötzlich aus einer Laune heraus die Musikanlage auf volle Pulle gedreht hätte? *Don't stop me now!* ist schon immer einer meiner Lieblingssongs gewesen. Und nach dem, was dann passierte, hat er gute Chancen, es für immer zu bleiben. Die ersten Töne rauschten aus den Boxen: *Tonight I'm gonna have myself a real good time.* Sie spülten wie eine heiße Brandung über mich hinweg. *I feel alive and the world is turning inside out – Yeah!* Dann erfüllte der Rhythmus meinen Kopf. *I'm floating around in ecstasy, so don't stop me now, don't stop me ...*

Ich atmete tief ein, denn jetzt wusste ich genau, was zu tun war.

Ich habe später oft versucht auszurechnen, wie wahrscheinlich es ist, in einem Dreihunderttausend-Liter-Becken einen Nasenstecker von der Größe eines Reiskorns zu finden. Tatsache ist: Ich habe ihn gefunden. Meine Lungen platzten fast und meine Ohren knackten, doch ich folgte meinem Instinkt. Ich folgte der Musik, die in meinem Kopf weiterbrüllte: *… so don't stop me now, don't stop me, 'cause I'm having a good time, having a good time …*

Wie ein Kompass in meinem Kopf.

Als ich tropfend vor ihr stand, das kleine blaue Wunder in der ausgestreckten Hand, guckte sie zu mir hoch wie ein Kind zum Weihnachtsmann. Sie lachte, wischte mit dem Handrücken die Maskaraspur quer über ihr Gesicht, so dass es aussah, als habe jemand versucht es durchzustreichen. Dann machte sie einen Schritt auf mich zu, zog mein Gesicht zu sich herunter und presste ihre Lippen sanft auf meine. Ich hatte gerade noch Zeit zu denken: ›Das passiert wirklich, jetzt, in diesem Moment‹, bevor die Musik wieder loslegte: *I'm gonna go go go, there's no stopping me. I'm burning through the sky Yeah! Two hundred degrees, that's why they call me Mister Fahrenheit. I'm trav'ling at the speed of light. I wanna make a supersonic man out of you!*

Was soll ich sagen? Ich wurde berühmt. Ich war Supersonic Man! Zumindest für diesen Sommer. Auf dem Schulhof boxten mir die Jungs anerkennend gegen die Brust und nannten mich *Alter, Alter.* Und auf dem Mädchenklo gab es einige schmeichelhafte Dinge über mich zu lesen. Rakete und ich küssten uns noch genau neun Mal: vier Mal auf dem Schulhof, damit es alle sahen, einmal hinter Edis Büdchen und vier Mal vor ihrer Haustür. Dann tauschte sie mich gegen Alex Hübner und seinen Strohhut ein. Das tat verdammt weh. Doch ich trug meine Wut und meine Trauer wie ein harter, einsamer Cop. Ganz Dirty Harry. Wann immer ich an einem Spiegel oder einer Fensterscheibe vorbei kam, warf ich einen langen Blick hinein. Und da war er wieder, der Soundtrack meines Sommers, der Beat in meinem Kopf:

Don't stop me now,
I'm having such a good time, I'm having a ball
Don't stop me now,
If you wanna have a good time, just give me a call
Don't stop me now ('Cause I'm having a good time)
Don't stop me now (Yes I'm havin' a good time)
I don't want to stop
at all!

MEIN FEHLER
Thilo Bock

Ist Ihnen der Fehler aufgefallen? Mein Fehler? Überhörbar war er ja wohl nicht. Möglich jedoch, dass Sie die gleiche Störung haben wie ich. Wenn nicht, dann entschuldigen Sie die meine bitte. Und entschuldigen Sie meine Stimme gleich mit.

Angeblich gefällt niemandem die eigene Stimme. Man arrangiert sich mit ihr. Lernt, sie zu ertragen. Mich verblüfft das, was ich sage, wie ich es sage, nicht mehr. Sie, meine Damen und Herren, liebe Kinder, eventuell schon. Ich bitte, das zu entschuldigen! Vielmals sogar.

Sie hätten mich vorher hören sollen! Da habe ich falsche Buchstaben artikuliert. Selbst habe ich das gar nicht registriert. Noch heute ist das so. Ich höre mich nicht falsch beziehungsweise unsauber sprechen. Egal, ob direkt im Kopfraum oder beim Abspielen einer Aufnahme. Für mich klingt das normal.

Nein, ich bin nicht betrunken, das leichte Lallen ist angeboren, mir im Kreißsaal auf die Zunge gelegt worden. Der Sprachfehler ebenfalls, dabei ist der erst nach und nach aufgefallen. Ich habe lange gebraucht, um bereit zu sein fürs Sprechen. Taktisch war das nicht gedacht. Kinder sind keine Taktiker. Vielleicht hätte ich sonst nie zu sprechen begonnen, ewig gewartet, abgewartet, ob mir etwas Klügeres einfällt, etwas Notwendiges, etwas, das sich zu sagen lohnt.

Dass ich kein Apfelmus mag beispielsweise.

Oder dass da der Zimt dran fehlt.

So wie ich mit dem Sprechen warten wollte, habe ich zuvor gezögert, überhaupt zu atmen. Das ist ja eine lebenswichtige Entscheidung. Der erste Klaps auf den Hintern, die erste Nötigung. Schrei oder stirb!

Schwerwiegender geht's ja kaum. So was kann man sich ruhig noch mal gründlich durch den Kopf gehen lassen.

Darauf angesprochen werde ich nur sehr selten. Am ehesten von Kindern. Oder einmal – aber das war beruflich – von einem Rundfunkredakteur.

»Du weißt schon, dass du lispelst?«

»Ja, klar«, habe ich gesagt.

Dabei wusste ich es in dem Moment kein Stück. Ich war zu sehr auf den Inhalt des zu Sprechenden fokussiert.

Ich war sowieso ein wenig zu früh dran, hatte mich auf neun Monate eingestellt, herrlich kuschelig in der Mutterhöhle, das Futter floss mir direkt in den Bauch, doch schwupps und schnippschnapp war es plötzlich grell um mich herum, standen da mit einem Mal Menschen. Und ich konnte beim besten Willen nicht wissen, dass ich einer von ihnen bin. Ein ganz kleiner zwar, aber unverkennbar von der gleichen Art.

Bloß muss man deswegen gleich schreien?

Manchmal ist es klüger, die Klappe zu halten, abzuwarten. Wann das allerdings sinnvoll ist und wann eher nicht, lernt man leider erst später.

Und schon war der Schaden da. Konnte ich ja nicht ahnen. Resultat: Cerebrale Bewegungsstörung. Und kaum war ich aus meiner Mutter Leib gerupft, durfte ich nicht einmal in ihren warmen Armen landen, sondern mit Tatütata im noch viel wärmeren Brutkasten. Dumm gelaufen. Und vom Laufenlernen will ich an dieser Stelle gar nicht sprechen.

Nein, ich war kein kluges Kind. Meine erste – wie gesagt – verspätet artikulierte Mitteilung ließ Dringlichkeit vermissen. Sie beschrieb eine Wahrnehmung außerhalb meines persönlichen Erlebnishorizonts. Nach jahrelangem, sinnfreiem Gebrabbel fiel mir keine bessere Wortmeldung ein als »Auto«.

Erstes Wort »Auto«.

Zweites »brumm« beziehungsweise »brummbrumm«. Ist »brummbrumm« ein Wort? Oder sind es zwei?

Mitgezählt habe ich damals nicht. Wusste ja auch nicht, dass man von Frischmenschen ein erstes, klar artikuliertes Wort verlangt. Nachdem ich so lange mit dem Sprechen gewartet hatte, rutschte mir gleich eine ganze Geschichte aus dem Mund.

»Auto brummbrumm.«

Keine wirklich gute Geschichte, aber eine Geschichte. Eine Geschichte mit einer zugegeben eher schwachen Pointe. Und doch am Puls der Zeit. In den Siebzigerjahren galten Autos schließlich als Statussymbole. Trotz Ölkrise. Ich bin knapp fünf Monate älter als die Mutter aller Ölkrisen. Ich habe den ersten autofreien Sonntag miterlebt. Bedauerlicherweise war ich bei der Begehung bundesdeutscher Autobahnen unpässlich, nicht gut zu Fuß. Nicht einmal als Insasse eines Kinderwagens ließ man mich an dieser Zweckentfremdung der Asphaltbahnen teilnehmen.

»Auto brummbrumm.«

Früher durften erste Kinderworte so klingen. Früher galt Individualverkehr noch als zukunftsweisend, und ein Führerschein schien fast wichtiger als das Abitur. Erwachsen war, wer ein Auto sein Eigen nannte.

»Auto brummbrumm.«

Und ans Heck kamen Aufkleber, mit denen der Halter seine Weltanschauung mitteilte. Zum Beispiel, dass bei ihm zu Hause der Strom aus der Steckdose käme und nicht vom Atomkraftwerk.

»Auto brummbrumm.«

Heute würde solch ein Sprösslingspruch manch ökologisch bewegtes Elternteil in die Verzweiflung stürzen. Da war man mit dem Kind extra bei der Kuh muhmuh und dem Schaf mähmäh, doch das, was bei ihm Eindruck hinterlässt, ist ein Klimakiller. Wobei Hoffnung besteht. In Zukunft könnte es schwer werden, Autos onomatopoetisch zu umschreiben, weil ihnen der spezifische Klang abhanden kommen wird.

»Auto sssssssssssss.«

Was soll das denn darstellen? Sssssssssssssss. Einen fehlgeleiteten Mückenschwarm? Raumpatrouille Autobahn?

Wie gesagt: Cerebrale Bewegungsstörung. Eine sportliche Karriere war für mich von vornherein ausgeschlossen. Das Nervensystem ist mir bei der Geburt völlig durcheinander geraten. Meine Muskeln neigen zur Anarchie. Einige gehorchen meinem Willen nur, wenn ich nicht an sie denke. Sie müssen entspannt sein, ihre Dienste quasi freiwillig verrichten, damit ich ein Glas Wasser ohne Überschwappen von A nach B tragen kann (und bei Bedarf auch wieder zurück), damit ich mein Hände so benutzen kann, wie ich das möchte. Ansonsten verkrampfen sich meine Muskeln, meine Gelenke verwinkeln anormal. Man sieht mir die Spastik an.

Ja, ich bin ein Spasti, aber ein kleiner Spasti, ein Schwachspastiker. Trotzdem, Konzertpianist wirste auch als Schwachspasti nicht. Während ich im Sportunterricht der Klotz jeder Mannschaft war, der Siebente im Volleyballteam, ein Dekorationsfußballer, bekam ich Soloturnstunden, Krankengymnastik bis zur Volljährigkeit.

Statistisch gesehen wird bei zirka einem von fünfhundert Neugeborenen eine cerebrale Bewegungsstörung diagnostiziert. Global betrachtet kommt also alle zwei Stunden einer wie ich auf die Welt. Etwa der Hälfte von uns wird nur eine normale oder lediglich leicht verminderte Intelligenz nachgesagt. Da habe ich wohl noch mal Glück gehabt.

Das Zittern meiner Hände und das Zischen meiner Zunge sind mir so gesehen ziemlich egal. Nahezu nie bin ich deshalb gehänselt oder verspottet worden. Vielleicht hinter meinem Rücken. Aber was ich nicht weiß … Einmal hat der Schulgrufti meinen besten Freund gefragt, warum ich wie eine Waschmaschine spräche. Ich stand direkt daneben.

Habe gelernt, wie ein normaler Mensch zu gehen hat, dass man nicht bloß mit den Fußspitzen auftritt und auch die Arme beim Laufen nicht krampfhaft gegen den Körper presst. Habe mich Woche um Woche, meistens mehrmals, gedehnt und gestreckt, über Bälle gerollt, Trampolins besprungen, balanciert und mit den Zehen Murmeln sortiert. Und um die Feinmotorik zu trainieren, gab es jede Menge Bastelarbeit. Weihnachtsgeschenke hatte ich also immer reichlich parat, von der Gipsskulptur bis zur pastellfarbenen Seidenkrawatte.

Am Ende meines dritten Lebensjahrzehnts, längst war ich an die Umkrampfung meiner Bewegungen gewöhnt, wollte ich es noch einmal wissen und ging wieder zu einer Kinderärztin, um mir meine Krankheit richtig erklären zu lassen. Meine Krankheit, die für mich nie eine Krankheit gewesen ist. Krankheiten lassen sich heilen oder man stirbt daran. Beides ist in meinem Fall nicht der Fall.

Zwischen den bunten Bildern an den Sprechzimmerwänden schritt ich abermals im Tipptopp, hüpfte auf einem Bein, erreichte meine Nase mit den Zeigefingern und ließ mich von der graumähnigen Ärztin abhorchen. Währenddessen unterhielten wir uns, streiften Habermas und den Dadaismus. Und wir sprachen über Spastik. Zum ersten Mal übrigens wurde mir bewusst, was ich bin: ein Spastiker.

Die Kinderärztin überwies mich an einen Kollegen in einer Klinik im Norden der Stadt, der normalerweise ausnahmslos Privatpatienten behandelte. Durch gutes Zureden machte er bei mir eine Ausnahme. Probeweise ließ er mich ein paar Wochen lang Pillen schlucken. Was nicht viel half. Beim abschließenden Gespräch empfahl er mir die Einnahme eines Gläschens Sekt, wenn es darauf ankäme – eine Rede bei Großmutters Geburtstag, als simples Beispiel, wie er sagte –, damit die Hände nicht so zitterten.

Ich bin nicht behindert, also nicht viel mehr als Sie auch. Lediglich mit anderer Kernkompetenz. Der Anfang meines Lebens lief nicht so optimal, aber von da an ging's bergauf. Wer kann das schon von sich behaupten? Mir sind in den ersten Sekunden meiner Zeit auf Erden ein paar Nervenzellen abgestorben, doch das passiert beim Genuss des ärztlich verordneten Gläschens Sekt ja auch.

Spreche ich in ein Mikrofon und aus den den Raum beschallenden Lautsprechern überdröhnt meine unsaubere Aussprache den sonoren Kopfklang meiner Stimme, mit einer nicht messbaren Verzögerung, so wie ein zischendes Echo, bin ich stets erschrocken. Auf die kommenden Worte muss ich mich immens konzentrieren. Meine äußere Stimme ignorieren. Denn meine äußere Stimme mag ich nicht. Wenn ich an mein Lispeln denke, ist es etwas anderes. Bin ich dessen gewahr, spüre ich das Zischen zwischen Zähnen und Zungenspitze. Das fühlt sich erstaunlich gut an. Ein bisschen wie Brausepulver. Beinahe stimulierend.

Susi Süßlich putzt Suppenschüsseln supersauber. Zahllose zahme Zebras zocken im Zoo um zig Zentner zollfreien Zucker. Sechzig schwedische Schamanen scharwenzeln schwankend um tschechische Stewardessen. Unterdessen haben hässliche Hessen vergessen, auf Messen verlässliches Essen zu testen. Die frisch frisierte friesische Friseuse Franziska verzehrt zwischen vier friesischen Fischern frische Fischfrikadellen. Als schmieriger Schimpfschaden schimmelt Chantal Schmitz schillernd in der Schaufensterauslage des Umsonstladens. Mit Tatzen kratzen Katzen im aufgeplatzten Katzenbatzen. Mischwasserhasser hassen Mischwasser, weil Mischwasser Mischwasserhasser hasst. Der zotige Zahnarzt zeigt Zähne beim Säbeltanz durchs ganze Pflanzencenter. Zwecks zukünftiger Zungenküsse zielt Xaver wie zufällig zwischen Sissis zünftige Zitzen. Schlesische Schwestern belästern versessen tadschikische Trestertester. Der letzte Messerwetzer hetzt verletzte Nerze in die Netze. Sechs Essig saufende Sachsen zielen ab auf Sex mit sechs Sekt süffelnden schweizerischen Stenotypistinnen. Christa würzt Pilze stets mit chinesischem Salz, von anderem Salz als dem chinesischen kriegen Christas Pilze stets so 'nen Hals. Auf zwei Zweigen im Zwetschgenbaum sitzen zwei zwitschernde Zeisige und zeigen sich die Zwetschgen an den Zweigen.

Nicht immer bekommt man das, was man erhofft. Nicht jeder Ton klingt, wie er klingen könnte. Und dennoch ist mein Fehler so normal es nur geht.

Entschuldigen Sie also meine Störung. Ich kann das nicht.

ZU ERZÄHLEN
Anna-Theresia Bohn

Ich muss mich nicht kontrollieren, dir nicht davon zu erzählen. Ich kann alles sagen. Ich brauche keine Kiste zu finden, in die ich es stecken kann. Ich brauche mir nicht zu überlegen, wie diese Kiste aussehen muss, damit du denkst, es sei nur eine Kiste. Damit du nicht denkst, dies sei die Kiste, in der es drinnen steckt. Wie so eine Kiste aussehen soll – aus Holz, vielleicht lackiert, geerbt oder gekauft. Besser doch ein Schuhkarton. Ein Schuhkarton welcher Schuhe hergestellt in welchem Land? Nein, dir wird weder eine unauffällige Kiste auffällig erscheinen, noch wird dir eine auffällige Kiste auffällig erscheinen. Ich brauche nicht zu überlegen, ob die Kiste bei mir in der Wohnung stehen soll, in welchem Zimmer oder doch besser in einer anderen Wohnung, in der Wohnung eines Familienmitgliedes, im Haus eines Freundes, einer Freundin eines Freundes oder meiner Freundin. Ich brauche nicht zu entscheiden, ob ich denen, bei denen ich die Kiste lasse, sagen soll, was in der Kiste drinnen ist. Ich brauche keine Ratschläge zu geben, wo sich eine Kiste hinstellen lässt: im Garten, in der Speisekammer, zwischen den schweren Decken für den Winter. Das alles brauche ich nicht zu tun und nicht zu denken, denn ich benötige keine Kiste. Und die Kiste benötige ich nicht, weil es nichts gibt, was in ihr aufbewahrt werden muss. Es gibt nichts zum Aufbewahren, weil alles gleich gesagt werden kann. Ich kann dir alles sagen. Es gibt keine informellen Namen, keine Konspirationen, es gibt keine Geschichten.

Ich brauche mich nicht zu fragen, ob das, was ich schreibe, jemandem schaden kann. Ob es mir schadet, ob es meinen Freunden schadet, ob es meiner Familie schadet. Ob es denen schadet, denen ich davon erzählt habe, denen ich nicht davon erzählt habe, denen ich etwas erzählt habe, was nicht stimmt. Ich brauche mich nicht zu fragen, ob es denen schadet, die dies lesen, es in der Hand halten. Denen, die es gerade auf dem PC geöffnet haben, ohne genau gewusst zu haben, was sie öffnen. Denen, die es bei einer Lesung hören und nicht wussten, was sie hören werden. Denen, die eine Zeitschrift erworben haben und beim Blättern den Text abgedruckt sehen. Ich brauche mich nichts zu fragen. Ich kann schreiben, worüber ich will, ich kann es in Kisten stecken und verstecken und herausholen, ich kann in den Garten gehen und lesen, was ich geschrieben habe, ich kann in die Speisekammer gehen und lesen, was ich geschrieben habe, ich kann in das Haus einer Freundin oder eines Freundes gehen und erzählen, was ich geschrieben habe. Ich kann telefonieren mit Familienmitgliedern und ihnen vorlesen, was ich schreibe. Es ist nicht mehr so, dass ich an irgendwas zu denken brauche außer an das Schreiben.

Ich brauche nicht zu überlegen, wieso jemand für mich arbeiten will. Ohne Bedenken kann ich dich einstellen und dann arbeitest du. Ich brauche dir nicht nachzugehen in deiner Mittagspause. Ich brauche nicht deine Schuhe anzusehen. Sind es bessere Schuhe, sind es ausländische, ist das Leder? Ist deine Freundin aus dem Ausland, hast du die Schuhe von der Freundin? Wo gibt es diese Schuhe, von wo hast du die, wieso hast du so schöne Schuhe, die kann man doch nicht kaufen hier. Bleibst du in der Pause im Gebäude oder gehst du hinaus und triffst dich mit einem? Triffst dich mit einem, erzählst ihm was? Ich brauche nicht zu überlegen, was du ihm erzählst. Du kannst ihm von mir erzählen. Du kannst ihm von dem erzählen, was ich schreibe. Ich brauche dir nicht nachzugehen. Ich brauche nicht zu hören, was du sagst, hörst du. Bleibst du im Büro, gehst du in mein Zimmer? Du kannst in mein Zimmer gehen, du kannst in den Papieren blättern, es gibt keine Kiste. Ich brauche keine Kiste, um es zu verstecken. Ich brauche nichts zu verstecken, nichts ist subversiv, du kannst alles einsehen. Ich kann dir alles erzählen, du kannst alles anderen erzählen, alles ist offen, gleich bedeutsam. Ich brauche nicht zu überlegen, was es bedeutet, wenn du in meinem Zimmer warst. Wenn du nicht in meinem Zimmer warst. Ich brauche nicht zu schauen, mit wem du telefonierst in der Mittagspause. Ist es Inland, Ausland, Hauptstadt, welche Hauptstadt? Gehst du auf die Straße zum Telefonieren, benutzt du den Apparat im Büro, benutzt du dein Handy, du hast ein Handy, welches hast du? Ich brauche dir nicht nachzugehen. Ich kann mir Kaffee einschenken. Es gibt Kaffee. Ich brauche nicht zu fragen, ob du auch einen willst. Ich kann dir zuschauen, wie du Kaffee trinkst, du kannst mir zuschauen, wie ich Kaffee trinke, wir können uns zuschauen beim Kaffeetrinken, wir können uns anschauen und ich brauche nicht darüber nachzudenken. Was deine Aufgabe hier sein wird, fragst du. Du hältst deine Tasse höher als ich meine. Du brauchst nichts anderes zu machen als deine Aufgabe, sage ich. Natürlich kannst du auch mehr machen, sage ich, du kannst telefonieren, da steht ein Apparat, den kannst du benutzen, du kannst auch andere benutzen, ich werde das nicht kontrollieren, sage ich. Du kannst den Kaffee trinken, den ich hier habe. Du kannst auch Kaffee von zu Hause mitnehmen, ich werde nicht schauen, welchen Kaffee du trinkst, wie teuer er ist, in welchen Geschäften man ihn kaufen kann und in welchen Geschäften man ihn nicht kaufen kann, sage ich. Du kannst gerne für dich Kaffee von zu Hause mitnehmen und hier trinken, ich werde dich nicht fragen, wo du wohnst, sage ich. Alle weiteren Vorgänge sind im Handbuch erklärt. Es gibt ein Handbuch, das kannst du frei einsehen, gleichermaßen ich auch.

Du rufst in der Mittagspause jemanden an. Du fährst in der Mittagspause alleine weg. Wo warst du, frage ich. Vom Büro aus kann man sehen: Jemand sitzt in deinem Auto. Wieso sitzt jemand bei dir im Auto, wird jemand den ganzen Nachmittag bei dir im Auto sitzen? Ist sie hübsch? Vom Büro aus kann man sehen: Sie hat gepflegte Hände, die sie auf das Armaturenbrett legt. Von dort nimmt sie ein Blatt in die Hand. Sie liest es. Liest sie vielleicht eine aus einer Zeitschrift herausgerissene Seite, vielleicht einen Brief, eine Akte? Hast du ihr absichtlich etwas zum Lesen auf das Armaturenbrett gelegt? Was liest sie, liest sie meine Geschichte, wieso liest sie nicht meine Geschichte? Hast du meine Geschichte abgetippt oder ausgedruckt und ihr zum Lesen gegeben? Hast du deswegen dein MacBook aufgestellt, damit ich nicht sehe, dass du auf dem einen Bildschirm meine Geschichte geöffnet hast, auf dem anderen diese abtippst? Hast du auch meinen Namen abgetippt? Hast du einen falschen Namen abgetippt? Steht mein Name auf dem Papier, das sie liest? Steht dein Name auf dem Papier, das sie liest? Wenn man deinen Namen tippt und im Netz sucht, findet man weitere Namen. Ist das dein Bruder, dein Onkel, Vater? Es ist nicht mein Vater. Mein Vater hat früher geraucht beim Schreiben, nicht viel, das glaube ich nicht, vielleicht zwei Zigaretten für ein Gedicht.

Ich sehe, dass du etwas in das Handbuch schreibst. Beobachtest du, dass ich nach dir auch das Handbuch nehme und darin blättere. Ich kann es frei einsehen. Wo ist das, was du geschrieben hast, hast du wirklich etwas in das Handbuch geschrieben? Was hast du in das Handbuch geschrieben? Hast du nur so getan, als würdest du etwas schreiben, um nun zu beobachten, ob ich dich beobachtet habe und nach dem Geschriebenen suche? Ob ich es finde und etwas darunter schreibe?

Was ich schreibe, fragst du. Ich schreibe nicht über dich, sage ich. Ich kann natürlich über dich schreiben. Du kannst auch über mich schreiben. Du brauchst aber nicht über mich zu schreiben und ich brauche mich nicht zu fragen, ob du über mich schreibst, ob du schreibst, was ich tue, was ich trage, was ich trinke, sage ich. Was ich schreibe, liegt da auf dem Tisch neben der Kiste. Ich brauche die Kiste nicht. Es ist eine schöne Kiste, sie ist aus Holz und weiß gefärbt. Sie braucht dir nicht zu gefallen, du kannst sie vergessen, wir können sie wegschmeißen, sage ich. Ja, bitte schmeiß die Kiste weg, das ist deine erste Aufgabe, schmeiß die Kiste weg oder behalte sie oder verstecke sie. Es braucht mich nicht zu interessieren. Eigentlich schreibe ich nicht, denn es gibt nichts mehr zu schreiben. Das war früher anders. Mein Vater war Autor in einem Land, in dem man nicht schreiben durfte. Ich bin kein Autor in einem Land, in dem man schreiben darf. Wir beneiden uns gegenseitig. Wir sagen uns das, alles kann man sich sagen.

Alle Vorgänge sind im Handbuch erklärt. Es können gar keine Fragen aufkommen, wenn man das gelesen hat. Ich erkläre dir nicht die Arbeit, denn ich brauche sie dir nicht zu erklären. Ob ich schon publiziert wurde, fragst du. Eine Kurzgeschichte, sage ich. Über was geht die, fragst du. Über einen Autor, sage ich, der sich stets dagegen entscheidet, eine Geschichte zu erzählen, weil ihm jede einzelne des Erzählens nicht würdig erscheint. Denn es gibt nichts zu erzählen, sagst du. Woher weißt du das, frage ich. Du hast es irgendwo gelesen, sagst du.

Ich kann an einem Tag mein Auto nehmen und deinem Auto nachfahren. Ich muss es nicht. Ich kann nach der Kreuzung parken und auf der rechten Straßenseite bis zu deinem Haus spazieren. Du kannst von einem Fenster aus sehen, wie ich deinen Namen am Eingang suche und die Klingel betätige. Dann öffnest du, du bietest mir Kaffee an. Es ist der Kaffee, der dir schmeckt, sagst du, es ist der Kaffee aus dem Büro.

Ich habe zwei Kisten dabei. In einer Kiste ist ein Geschenk für dich. Die andere muss dich nicht interessieren. Was ist das, fragst du. Für dich eine Flasche Wein, Fetească Albă, die Weiße Mädchentraube. Die Flasche liegt in einer Holzkiste, auf der die Herkunft mit brauner Farbe gestempelt wurde. In Eile oder Nachlässigkeit muss jemand gestempelt haben, denn nur die unteren Formen der Buchstaben sind erkennbar. Die eine Kiste gebe ich aus meinen Händen. Die andere Kiste gebe ich nicht aus meinen Händen. Den Wein kenne ich von meinem Vater. Man kann die Herkunft nicht klar lesen, sage ich. Ist es meine Aufgabe, die Herkunft herauszufinden, fragst du. Das musst du nicht tun, sage ich. Natürlich kannst du es tun. Du brauchst mir aber nicht zu sagen, ob es dir gelingt. Es interessiert mich nicht, ob du aus den

Buchstaben den Ort entzifferst. Warst du schon einmal dort, fragst du. Warst du etwa auch dort, frage ich. Woher weißt du, dass ich dort war, frage ich. Du musst mir nicht sagen, wo ich war, es interessiert mich nicht. Öffne jetzt die Kiste, nimm den Wein heraus, öffne ihn.

Wenn man in deinem Schlafzimmer am Fenster steht, kann man auf den Garten sehen. Die Decken für den Winter sind in der Kommode am Fenster. Ich öffne die Kommode. Der Garten ist ein kleiner Garten. Ich öffne die Kommode und fühle die schweren Decken. Ich hebe die Decke an, lege die Kiste darunter, streiche die Decke glatt. Ich schließe die Kommode und gehe in die Speisekammer. Worauf stoßen wir an, frage ich. Wieso erzählst du es mir nicht, fragst du. Erzähl es mir, sagst du. Ich muss mich nicht kontrollieren, dir nicht davon zu erzählen, sage ich. Ich kann alles sagen.

FLÜCHTIG
Lisa Bredebach

Ich erinnere mich an jede ihrer fragmentarischen Geschichten. Keine Verbindung. Sie waren immer die gleichen, zusammenhangslos, so schien es mir, wie eine Traumkulisse, in der man sich wiederfindet und die man nicht hinterfragt.

»Unser Vater hatte ein Radio, das durfte niemand wissen. Wir Kinder mussten den Raum verlassen, wenn er es anschaltete. Wir wussten, dass da was los war, aber wir haben das ja nicht verstanden. Man durfte ja nichts sagen, da konnte dich jeder verraten. Da musste man richtig aufpassen. Ja, wir hatten da einen Nachbarn, der war immer so ulkig. Der ist zum Metzger gegangen, *Heil Hitler, wo hängt das Schwein?!* Ja, da konnte man ihm nichts vorwerfen und mein Vater, der hat immer gelacht, wenn der Nachbar kam.«

Hier rein und da raus. Geschichten, die mehr als ein Buch hätten füllen können und gefüllt haben. Die ihre Geschichte geschrieben haben und meine. Ich erkannte sie nicht. Ich erkannte die Zeitzeugin nicht, die mir das größte Geschenk machen wollte – ihre Geschichte. Ich sah nur die Bedürftige, die loslassen musste, rauslassen musste. Verstand nicht die Welt, in die sie mich einweihte. Eine Welt, wie sie wahrer nicht sein konnte.

Ich hörte nur scheinbar zu, mit meinen Haarspitzen in der Hand.

»Wir mussten ja grüßen. Und auch der Lehrer. Das hat der nicht gerne gemacht, das hat man schon gemerkt, aber es ging ja nicht anders. Und dann kam schon immer Bombenalarm in der Schule. Wir sind irgendwann nicht mehr hin, es ging ja nicht.« Haarspitzen drehen. Nichts erkennen. Perlen vor die Säue.

»Ja und dann, ach Gott, als der Kirchturm abgeschossen wurde. Da wurde der [Name vergessen, weil egoistisch, egozentrisch, dumm] beerdigt, der jüngste Soldat aus unserem Dorf, der gefallen war. Und was hat die Mutter geweint, ach das war furchtbar. Und dann waren alle in der Kirche, aber der Pastor hat extra gesagt, er predigt nur kurz, weil es war Bombenalarm seit zwei Tagen und die Tiefflieger flogen. Man war nicht mehr sicher. Und gerade als wir alle heraus gingen, ja es war keiner mehr drin. Da macht es *ziiing* und *krach*. Da haben die den Kirchturm zerschossen und wir haben ihn noch fallen sehen. Ja. Ach, das war schlimm. Aber das hat er gerochen, der Pastor. Hätte er da ganz normal gepredigt, dann wären wir alle da drin gewesen. Ja, das war gut, dass er vorher aufgehört hat. Nicht aus Unlust, nein, der hat das gerochen damals.«

Ich wusste nicht, was es bedeutet, wenn dein Kirchturm beschossen wird und in dein Dorf fällt. Ich weiß es noch immer nicht.

Hundertfach hatte ich ihre Geschichten gehört. Von Heuböden, Kutschen, den Russen. Hundertfach hatte ich mir halbherzig die dahinterstehende Wahrheit vorgestellt, ihr eine Identität zugeschrieben, die keine Lüge war, doch trotzdem nicht wahrhaftig passiert sein konnte.

Erzählend saß sie vor mir, faltig, während ich meine Haarspitzen drehte und nur Stichworte aufnahm. Bei ›Vergewaltigung‹ horchte ich auf. ›Granaten‹, ›Bomben‹, ›Polacken‹.

Viel mehr interessierte mich nicht. Ihre schleierhaften Augen nahm ich nicht ernst. Sie hatten zu viel gesehen, das ich nicht verstand. Zu nah, zu wahr.

»Dann mussten wir auch gehen. Ja, das wäre ja Wahnsinn gewesen und wir dachten auch, wir können wiederkommen. Da hat unser Vater nachts die Pferde gesattelt und dann sind wir los. Gelaufen!

Mensch, was sind wir gelaufen. Das könnt ihr euch gar nicht vorstellen.«

Nein – ich konnte es nicht. Kann es immer noch nicht. Bin nie so weit gelaufen, bis mir die Füße bluteten. Aber fühlen kann ich es jetzt, denke ich.

»Ich hatte so schöne Ohrringe, ganz wertvolle. Und da hat mir unsere Mutter immer gesagt, ich sollte die nicht in den Ohren lassen, wegen den Russen. Die reißen die einfach raus. Ratsch. Hat sie mir immer gesagt.«

Und du hast sie in die Brusttasche deines Kleides gesteckt und verloren.

Eine ganze Generation ignoriert. Über Verdrängung gelesen, Trauma und Wahnsinn. Alles verstanden. Doch nie den Kopf erhoben und die Ohren geöffnet für sie, Zeitzeugin, mit faltigen Händen und verschleierten Augen. Mit künstlichen Zähnen, grauem Haar und wackligen Knien. Von Angesicht zu Angesicht. Ich habe nicht zugehört. Zu feige war ich vielleicht für die Wahrheit. Denn sie sprach nicht über die ganze Wahrheit. Nicht, solange ich dort saß und meine Haarspitzen drehte. Ein Wink mit dem Zaunpfahl, ein Wink mit dem Baumstamm. Ich nahm ihn nicht wahr. Und so schonte sie mich und sich selbst und ließ die Erinnerungen tief unten im Keller, wo niemand sie fand. Wo niemand sie größer machte und niemand verleugnete.

Sie hat mir nie erzählt, wie es war, in dem Zug, in dem sie tagelang reisen musste, um in die Fremde zu gelangen. Zu viel für sie und mich? Ich habe es in fremden Büchern gelesen, nachdem sie nicht mehr sprach. Wie Schuppen ist es mir von den Augen gefallen, als ich es las. Fremde Schicksale. In mir drehte sich etwas. Ein altes Uhrwerk, das schwerfällig wieder ins Laufen kam. Und ich dachte und dachte und dachte an sie. Das war sie! Da in dem Buch, im Museum, in dem Lied und in jeder zitternden, dünnen Stimme von zitternden, dünnen

Frauen und Männern. Sie sprachen ihre Geschichte und ich lies meine Haarspitzen fallen und hörte gebannt zu. Erinnerte mich.

In einem Buch las ich von verlorenen Brüdern und Vätern. Von schreienden Mädchen, von Köpfen auf Tischen, die Hände festgenagelt. Kann es sein, dass sie es war, die das erlebt hatte? Ich las von Fliegen auf knochigen Körpern, von Alten, die starben und Babies, die gerade so überlebten.

»Ach, da kam der Doktor und der hat auch schon gesagt, vielleicht soll es so sein, das Kind, keine Eltern mehr, was hat das denn noch? Der hatte ja auch nichts, was sollte der groß machen? Es gab ja nichts mehr. Aber die Mutter hat Quarkwickel gemacht, Quark, ja! Und die Kleine war so blass und so dünn und hat kaum noch geatmet. Ja, wir haben da alle nicht mehr dran geglaubt, dass die das schafft. Aber die Mutter hat gesagt, die kommt durch. Die Ränder von der Ohrmuschel färben sich rosa. Und dann kam der Doktor noch einmal, zwei Wochen später und da sagt der auch: Guck dir das an! Das Kind hat Biss. Ja, das hätte der nicht gedacht. Mit Quark hat meine Mutter das gemacht!«

Am Ende eines Buches las ich, dass ein Mann, der den gleichen Weg gegangen war wie sie, verstummte. Nicht seine Frau, seine Kinder, nicht seine Nachbarn wussten, was er tief in der Ferne erlebt hatte. Die heute fremd ist, fremder, als das Fremde, in dem er jetzt lebt. Zu viel Absurdes erlebt und lieber erzählt er es gar nicht, als dass er es Haarspitzen drehenden Zuhörern schenkt.

Two times a stranger – es gibt kein Denkmal für sie. Denn sie sind keine Opfer, wie sie im Buche stehen. Und trotzdem mussten sie gehen, wurden entwurzelt, um später von gerümpften Nasen empfangen zu werden.
    »Für die Hiesigen war Deutschland an der Oder zu Ende.«
    Nie mehr zurück. Historische Täter, private Opfer, sich selbst nie als solche gesehen.

»So viel gelaufen. das könnt ihr euch gar nicht vorstellen. Und ihr beschwert euch wegen ein paar Schritten.«

Ihre unzähligen Schritte – erzählt in einem einzigen Satz. Und trotzdem zu viel für die nachfolgende, Haarspitzen drehende Generation.

Jetzt möchte ich jeden Schritt von ihr erzählt bekommen. Den ersten aus ihrem Haus, jeden Schritt bis zur ersten Scheune. Ich möchte wissen, wie kalt es war. Ich möchte die Gradzahl. Ich möchte wissen, worüber sie gesprochen haben, ob sie geweint hat. Ob sie noch lachen konnten. Ob sie verliebt war. Wie ihre Ohrringe aussahen.

Aber sie ist schon weg und alle anderen sind auf dem Weg, ich sehe nur noch ihre Rücken. Ich habe sie verpasst.

SCHNEE IM AUGUST
Helene Bukowski

Im Garten wirft der Wacholder Schatten, Katzen liegen unter Zweigen, unter Erde. Das Blöken der Lämmer im Dunkeln. In der Küche Licht. Hornissen werfen sich von außen gegen das Fenster.

Ich laufe den Weg zum Schuppen. Kein Geräusch beim Öffnen der Tür. Drinnen ist kaum etwas zu erkennen. Ich suche tastend, finde und schließe die Tür, das Gewehr über der Schulter.

–

Die Frau und ich im Garten. Ich sitze auf der Wiese. Die Frau auf einem Stuhl. Sie balanciert ein Glas Gin in der Hand. Die andere liegt leblos, wie abgeschlagen, auf der Lehne. Das weiße Haar in einem Knoten, ihr mintgrünes Kleid abgegriffen. An einigen Stellen sehe ich Haut. Sie legt die Finger auf den Stoff, legt die Finger auf die Löcher. Vor dem Krieg muss sie schön gewesen sein. Die Frau schaut meine Finger an. Schaut mich an. Unsere Blicke treffen sich. *Hier findet dich keiner.* Ihre Stimme ein Flüstern. *Hier bist du sicher.* Die Katzen spielen unter dem Wachholder. Ich schließe die Augen, Schweige, Gras zwischen den Zehen, das Hemd ausgezogen. Die Hitze auch hinter den Lidern.

Ich denke an Schnee, denke an beschlagene Fenster, Lippen die sich gegen mein Rückgrat drücken, zierliche Hände die auf meinem Brustkorb liegen.

+

Zwischen den Bäumen der Weg, dahinter auf einem Hügel die Weide, die Lämmer. Die Frau füttert sie selbst, läuft durch das Gras, im Arm die Flaschen, lockt die Tiere. Sie trägt ein dunkel blaues Seidenkleid. Gierig stoßen die Lämmer gegen ihre nackten Beine. Ich lehne am Gatter, die Arme verschränkt. *Willst du eins halten?* Ich gehe zu ihr. Sie legt mir ein Lamm in die Arme, die Gliedmaßen zucken unkontrolliert. Ich lasse es schnell wieder auf den Boden. Die Frau lacht. Ich gehe zurück zum Zaun. Schweiß zwischen Stoff und Haut. Ich schirme die Augen ab. Hinter der Weide ist nichts. Nichts zum drunter stellen, drunter kriechen. Nur die weite Ebene. *Du würdest nicht weit kommen.* Die Frau schließt das Gatter, die Hände fettig, vom Berühren der Wolle.

+

Die Frau sagt, ich soll ihre Pflanzen gießen. Ich stehe im Garten, die Feuchtigkeit auf den Blättern. Immer wieder die Hand zur Stirn. Den Schweiß an der Hose abwischen. Ich höre das Blöken der Lämmer. Die Katzen liegen im Schatten des Wacholders, schläfrig. Ich hocke mich zu ihnen, fahre mit den Händen über ihr staubiges Fell. Die Frau winkt mir durch das Fenster. Ich gehe zurück ins Haus. In der Küche die Knöchel der Frau weiß gefaltet. *Du musst mehr essen.* Sie stellt mir ein Glas, einen Teller hin. Das fast noch blutige Stück Fleisch auf dem Porzellan. Ein Goldrand, filigrane Wachholderblüten. Ich nehme das Glas. *Willst du Milch?* Ihre taktierenden Augen, sie gießt mir etwas ein, stoppt zu spät, es bildet sich eine Pfütze. Sie lacht, sucht meinen Blick. Ich schneide das Fleisch, kaue langsam.

+

Die Frau sagt, ich soll den Schuppen aufräumen. Ich höre die Fliegen schon von weitem. Neben dem Schuppen das Blut auf der Werkbank. Ich stehe still, es tropft auf den Boden. In einem Klumpen daneben braun verkrustes Fell, rostrote Wolle. Die Katzen kommen aus dem Schatten, drücken sich gegen meine Beine. Ich übergebe mich neben dem Wachholder. Das Fleisch nur halb verdaut. Gegen den Schmerz stelle ich mich in die Brenneseln. Kein Gefühl in den Beinen. Es ist ganz still. Der Himmel blau und leer.

Schnee fällt auf mein Gesicht, ich denke an Schnee in braunen Locken. Die zierliche Hand die meine sucht. Das Laufen über einen gefrorenen See. Unser Atem in der Luft. Das Knacken des Eises.

Ich gehe in den Schuppen, sortiere Schrauben, Werkzeug. Draußen die Fliegen als summendes Rudel.

+

Die Frau schläft. Sie liegt im Salon in einem fliederfarbenen Morgenmantel auf der Recamaire. Nackte Füße, Rotierende Augäpfel unter den Lidern. Staub auf der Haut. Ich durchsuche das Haus. Auf der Kommode eine goldene Puderdose, auf dem Deckel ein eingesticktes Blumenmuster und die Initialien der Frau. Ich gehe in den Garten und vergrabe sie unter dem Wachholder.

+

Ich folge dem Kiesweg vor dem Haus. Gehe Kreise. Umrunde die Blumenrabatte, vertrocknete Rosen. Ungleichmäßig meine Schritte. Das Bein schmerzt. Jedes Mal wenn ich das Tor passiere, halte ich kurz inne. Hinter dem Tor der Weg. Die Luft flimmert über dem staubigen Boden. *Man wird dich finden*. Ich balle die Hände zu Fäusten.

Die Frau kommt aus dem Haus, trägt einen Stuhl in den Schatten. Sie winkt mir. Ich bringe ihr ein Glas. Sie legt ihren Mund dicht an mein Ohr. *Wohin würdest du gehen*. Ich zerbeiße mir die Lippen, laufe weiter Kreise und ihr Blick klebend an meinen Fersen, bis das Glas leer ist, ich ihr ein zweites bringe, sie mein Handgelenk greift, so dass ich zu ihren Füßen sitze. Mit den Fingerkuppen tastet sie meine Halswirbel ab.

+

Die Frau sagt, ich soll mich rasieren. Sie nimmt mich mit nach oben. Sonnenlicht liegt auf den Fliesen. Ihre Hand auf meinem Arm, Fingernägel, Ränder darunter, Erde, Blut. Aus einer Schatulle reicht sie mir eine scharfe Rasierklinge, einen Pinsel. Die Klinge wirft das Licht zurück. Ich wasche mich. Ihr Blick der meinen Händen folgt. *Lass mich das machen.* Sie erhebt sich vom Wannenrand und stellt sich dicht hinter mich, nimmt mir die Klinge aus der Hand. Ganz langsam zieht sie sie über mein Gesicht. Nur das schabende Geräusch ist zu hören.

+

Die Frau sagt, ich dürfe das Telefon nicht benutzen. Sie schläft und ich lege meine Finger in die Drehscheibe. Es ist still auf der anderen Seite. Mein Ohr gegen das kalte Plastik.

Ich denke an Schnee, den Klang einer Stimme im geheizten Raum, ein Gesicht, das sich gegen meinen nackten Brustkorb legt, meine Hände, die den Rücken halten, sichelförmige Abdrücke meiner Fingernägel.

Ich folge dem Kabel. Das Ende liegt lose herum. Mit der Hand zerschlage ich ein Glas. Scherben liegen auf den Fliesen. Die Frau steht im Türrahmen. Die Wangen gerötet, wäscht meine Hand unter kaltem Wasser. Unsere Blicke liegen auf dem Boden.

+

Die Frau sagt, ich muss den Garten umgraben. Ich stütze mich auf den Spaten. Mein Gewicht schiebt die scharfe Kante in den dunklen Boden. Ich brauche den ganzen Vormittag. Kurz halte ich inne. Fahre mir mit der Hand über die Stirn.

Eine Axt gezielt geführt, knackende Nackenwirbel.

Ich blinzle gegen das Sonnenlicht, gehe in den Schuppen, suche nach einer Harke. Unter dem Regal ein Gewehr. Mit den Fingern fahre ich über den Staub. Daneben eine Kiste mit den Patronen.

+

Die Frau und ich im Salon. Das Gefühl ihrer Haut gegen meine. Zwei unterschiedliche Materialien. *Gefällt dir das?* Ihre Stimme rau. Ich lege ein nasses Tuch auf die Augen. In ihrem Glas knacken die Eiswürfel. Der Geschmack von Gin. Zu unseren Füßen die Katzen, drücken sich gegen unsere Beinen, ihre rauen Zungen auf der Haut. *Die gehören mir nicht.* Ich füttere sie, heimlich, meine Hände in ihrem Fell, vor allem von den jüngeren zu weich. Sie lösen sich nicht mehr von meinen Fersen. In meinem Bett das Schnurren. Katzenhaare auf dem Kissen. *Die Viecher gehören nicht in das Haus.*

+

Am Morgen die Stille, kein Fell in den Händen. Ich suche die Katzen, gehe ihre Verstecke ab: der Schuppen, unter dem Sofa, im Schatten des Wacholders. Die Frau steht auf der Terrasse. Sie lacht. *Du kannst sie nicht zähmen.* In der Regentonne, vier Kadaver, schwimmen an der Oberfläche, dekorativ platziert. Ich ziehe sie tropfend auf das Gras, das Gesicht feucht, Blut im Mund, lege vier tote Katzen vor die Tür der Frau. Mein Blick läuft bei ihr ins Leere. *Sie hätten mir den Wacholder ruiniert.* Ich stehe in den Brennnesseln, den Blick nach oben.

Schnee im Gesicht, an den Sohlen. Trage ich Schnee in den Raum, nasse Spuren. Denke ich an den Mund der sich mir entgegenwirft. Meine Hände mit Locken verknoten. Die Finger rot vor Kälte, brennend.

+

Die Frau schlägt einen Fächer, Schweißperlen auf der Stirn. Ihr weißes Spitzenkleid ist unter den Armen feucht. Nie geht sie ins Dorf. *Was soll ich dort, wir haben Krieg.* Ich laufe zu den Lämmern, stecke drei Steine ein, schwer schleifend das Bein.

Die Hand der Frau in meiner Hosentasche. Legt die Steine auf ihren Nachttisch. *Ich möchte dich schmecken.* Ihr Atem im Ohr. Sie riecht nach Gin.

Das Gewicht meines Körpers. Jemanden unter sich begraben.

+

Die Frau sagt, ich soll ihr das Haar waschen. Sie liegt in der Badewanne, die Hände links und rechts auf dem Wannenrand gestützt.
Ihre Haut fast durchsichtig. Darunter die Adern und Knochen. Ich löse
ihr Haar, löse den Knoten. Der Geruch von Seife und Gin.

+

Die Zimmertür der Frau ist geschlossen. Ich schreibe einen Brief. Zwei
tote Hornissen auf dem Boden. Ich falte das Papier in der Hosentasche
und gehe nach draußen. Den Geschmack von Schnee im Mund. Das
Tor ist verschlossen, die Frau steht daneben, das Glas gegen die Zähne,
Lippenstiftreste. Die Träger des hellrosanen Kleides sind ihr von der
Schulter gerutscht. Ihre Hände auf meinem Arm, verändern den
Druck. *Ich werfe sie ein.* Ich rieche Gin, lege ihr den Brief in die geöff-
nete Hand.

Später das Feuer im Kamin, brennendes Papier. Ich lege mich in die
Brennnesseln.

Ein Stein, groß und schwer. Im Kopf zerschmettert er Schädel-
decken.

+

Die Frau kommt in mein Zimmer. *Du schläfst in meinem Bett.* Wir
gehen nach oben. Wachholderblüten auf dem Kissen. Die Schatten im
Zimmer. Wir trinken Gin. Ich betrachte unser Spiegelbild in der Fens-
terscheibe. Die Frau hat das Haar geöffnet, es fällt ihr über die nackten
Schultern. *Vermisst du sie?* Ich drehe ihr den Rücken zu, schaue zur
Tür.

Ich denke an Schnee gegen ein Fenster, Haarsträhnen zwischen den
Händen.

Die Frau leert ihr Glas. Das Klopfen ihrer Fingernägel auf meinem
Rücken, ihre weiße Haut gegen die eigene.

+

Die Frau sagt, ich dürfe das gute Porzellan nicht mehr benutzen. Ich esse Brot ohne Teller, wasche ihn mit den Händen, die Frau füllt ihr Glas erneut. Einzelne Haarsträhnen haben sich gelöst, ihr Blick ist glasig. Haftet an meinem Gesicht. *Wie schön du bist.*

Ich lehnte mich im zweiten Stock aus dem Fenster, Porzellan in den Händen, zerplatzen Teller und Tassen im Hof.

–

Die Frau in einem transparenten Nachthemd, lehnt am Tisch. Das Glas in den Händen. Im Licht die Hornissen. Der Geruch des Gins drückt sich gegen Mund und Nase. Im Badezimmer steht das Wasser in der Wanne. Unter dem Wachholder fällt das Fleisch von den Knochen. Ich halte das Gewehr in den Händen.

MARTERN ALLER ARTEN
Anja Dolatta

Mama klingelt. Der Ton pflügt meine Haut. Schaue auf zu Mama, die starrt auf den Türkranz. Die Klinke erzittert. Immer der Moment, wo's mich zerfetzt. Weil noch alles möglich ist. Mama? Nur der Türkranz. Es öffnet uns: Amalia. Mit den Porzellanglanzaugen. Wir hätten in die Hecke hechten müssen.

Ein Lächeln und ein Nicken hat sie sich als Begrüßung vorgestellt; das macht es Mama erst mal leicht.

»Amalia, wie schön dich zu sehn, so eine schöne junge Dame schon bist du geworden –« wird sofort geschluckt vom Tamtam nebenan. Empfangsorgie im Großen Zimmer. Mama verunsichert. Aber sie WILL da rein. Schiebt mich vor sich her als Blickabfänger.

(Marter 1: Begrüßung) Tante Lieschen uns als einzige den Rücken zukehrt. Beugt sich zu unserm Gastgeber, Onkel Heinrich, runter, der im Ledersessel zerfließt. Beugt sich fast in 90° zu ihm runter. Und guckt uns mit dem Arsch nicht an. Die anderen haben uns auch schon gesehen, schauen aber zu Boden, bis Lieschen fertig ist mit ihrm Geschiss. Dauert. Mamas Hände werden kalt. So hatte sie das nicht erwartet. Sie kann sich halt nicht beschäftigen wie ich in so Momenten. Ich guck nämlich zum Tisch, auf dem die *Instrumente* glänzen und dampfen für später und sammle schon ein paar Ideen.

Tante Lieschen kommt zum Ende. Mama krallt sich in meine Schulter, ich schau rauf in ihre Augen. In ihnen der Ausdruck von vorhin, wo sie sagte: Wenn ich aufs Klo geh, du bleibst da.

(Marter 2: Hintergrundwissen) Tante Lieschen sich die Augen abtupft vor unmenschlicher Wiedersehensfreude. Mama auch. Tante

Lieschen tupft und stolpert schneller auf die Couch, besetzt für die Ihren. Mama und ich müssen auf Stühlen sitzen, genau wie Tante Anna und Amalia. Amalia mir gegenüber. Nur jetzt noch nicht, weil sie jedem ein kleines Kuchenquadrat auf den Teller tut. Onkel Ernst auf einem Hocker neben mir. Zur Rechten vom Ledersessel.

»Ah, Mohnkuchen! Mama Lieschen, schau ma', wie schöne Mohn-kuchen Anna hat gebacken! Warum DU backst zu Hause nur so wenig?!«

»Pau-EL«, zischt Lieschen halblustig, »Pau-EL, guck auf Bauch!!« und rammt ihm den ausgemergelten Finger in die Wamme. Tante Lieschen das Deutsche von allen am meisten krüppelt. Ihre belämmer-ten Söhne sitzen über Eck, Mamas Frisur verdeckt sie zum Glück. Aber Amalia mir genau gegenüber. Ich mogel mich raus im Blick schnurgerade auf den Teller runter.

»Aufpassen mit Bauch, Pau-EL, nicht mehr jung und wie unser Jungs laufen ganze Tag rum, immer mit Freunde unterwegs!«

Sie meint wohl den dünnen Langen, CHRans. Als setzt man grad zum Kotzen an, kann sich aber im letzten Moment noch in den Namen retten. Das muss oft bei Lieschens vorkommen, bei dem, was Mama sagt. Weil sie alles vom Huhn essen müssen, auch das Fettige und die Stoppelhaut. Weil sie nichts wegschmeißen und sogar ange-schimmelte Salami noch in Krupnik gekocht essen müssen. So geizig ist sie. Die müssen immer kurz vorm Kotzen sein. Und deshalb musste der andere auch CHRolger getauft werden. Der ist klein und dick, deshalb dachte ich, sie meint wohl CHRans.

Amalia schenkt uns Tee in die Tassen, in jede gleich wenig, weil wir so viele sind. Ihre Augen hoppeln friedlich von Tasse zu Tasse, fast so friedlich wie die ihrer Mutter sind. Am Ende schenkt sie noch einmal Onkel Heinrich nach, was übrig ist. Den wir alle Onkel Heinrich nen-nen, außer natürlich seine direkte Familie. Der in Neumark geboren wurde, als es kurz deutsch war; und mit einem Flüchtlings- und Ver-triebenen-Ausweis dann za komuny in den Westen konnte; und sofort in Heinrich sich umbenannte; und po komunie alle Geschwister nach-geholt hat wegen Familiensinn oder Sklavenmangel; und deren Kinder, also die Lieschens und Mama; und jetzt wohnt bei dem einzigen seiner Söhne, Ernst, der auch ne deutsche Geburtsurkunde hat, dessen Tochter Amalia und dessen Frau. Anna. Deren beide N's in diesen vier Wänden absolut NIEMALS einzeln gesprochen werden. Sogar Lieschen passt da auf.

Amalia sitzt endlich. Ich schau auf meinen Teller, die Jungs bestimmt auch. Weil Onkel Ernst jetzt auf der Pirsch ist nach in-die-Augen-guckenden Augen. Er führt immer die peinlichen Befragungen. Er schaut mir jetzt bestimmt beim Essen zu. Ich tu, als ob ich nicht wüsste. Kaue. Schlucke. Schnüffl hoch. Halt das nicht mehr lange – erwischt.

Seine Knie tauchen unter der geklöppelten Spitze auf und wenden sich mir zu. Als würden wir uns gleich abseits der Tischgespräche unterhalten, ganz kumpelhaft. Aber im selben Moment hören die Tischgespräche auf, weil alle plötzlich kauen müssen mit Kultur: also mit geschlossenem Mund.

»Und, Margarethe, wie läuft es denn so in der Schule?«

(Marter 3: Gesprächsthema sein) Mama legt die Gabel nieder. Ich muss ihm ins Gesicht sehen, zwinkre es mir undeutlich, nuschle: »Gut.« Versuche, den Gesprächsfaden abzureißen und zu schlucken. Aber Mama greift ihn ab. *Und da hebt sie mich auch schon auf ihren Teelöffel.*

»Margretchen is ne sehr gute Schülerin, Beste in der Klasse.«

Meine Arme, mein Becken und Hals sind an dem blinden Silber festgezurrt. Meine Füße strampeln hilflos in Richtung Stiel, den ihre Finger umfassen. Ich winsle. Über mir Mamas Mund aufgeregt purzelt.

»Besonders Deutschlehrer sagen immer bei Elterntag: ›Frau Piechas, brauchen Sie gar nicht zu kommen!‹«

Ich falle, rückwärts, aus meiner Atemluft, klatsche auf die Schwarzteeoberfläche, breche ein, in die Unterwelt, die links und rechts sich über mir schließt. Erst: die brühende Dunkelheit paralysiert meine Gänsehaut, sticht sich durch alle Körperöffnungen in mein schockstarres Inneres. Dann: Meine Augen reißen auf, sehen meine Füße über mir zappeln in Zeitlupe, mein Gehirn lässt HILFE schreien durch zusammen-

pressende Kiefer. Ein Ruck und ich zurück an die Luft gehievt. Huste mir
das Ertrinken aus den Lungen, aus den Augen, nur, damit ich Mamas
Lippen formen sehe:

»Hat sogar schon nen Freund, nen hübschen, klugen Jungen, Deutscher. Aber zuerst immer Schule, dann Jungens.«

Und getaucht werde, wieder reinstürze, wieder Hitze durch die Ohren
und Nase rein, aber zu wenig Luft in den Lungen gewesen, würge, Schädel schüttle –

und auftauchen, rauslaufen, rausprusten, raushören:

»Hm-jaa ... Margret will immer nicht aufstehen so früh. Ich weiß, ich sag ihr auch immer ... aber, Lieschen sie hat so viel Hausaufgaben ... Und reicht auch, wenn morgens und abends zu Hause beten ...«

›DU willst nicht aufstehen!‹, *kreische ich aus verbrannter Kehle, bevor der Löffel mich wieder runterzieht,* ›weil sie da fragen, wo TATA ist!‹, *brülle ich in den Tee, nichts als Blasen aus meinem Mund.*

Auftauchen. Mamas Mund im Salto Mortale.

»Und Margretchen –«

›GOSIA! GOŚKA!‹ *Tauchen. Endgültig.*

Mama hat den Faden – den Löffel losgelassen. Der Tee wäscht mich
von ihm frei. Ich treibe hoch. Schwerelos im Kopf. Vor meinen Augen
Verwaschenheit wie Wolken am Ende von allem, Scheintod mir aus dem
Mund fließt, aus den Ohren, schamverkocht mein Körper – Na, es ist vorbei.

»Und unser Hans, der ist aber ein schöner junger Mann geworden!«, erklingt Onkel Ernst. Jetzt das also. *Der Schall segelt leichtlebig über*
den ganzen Tisch. Ich sehe ihn flattern, aber er löst sich nicht auf.
Tante Lieschen ihn schnappt und zerredet. *Und CHRans verstört auf*
ihrem Teller sitzt.

»Hübsche Strähnchen, Junge. Die gleiche Farbe ich hab mir gekauft, was, Margretchen? Ist das komisch?«

Mama ... Die Falte auf Tante Lieschens Stirn. Und die langen Zähne gefletscht. *Und der riesige Schatten ihrer Gabel sich auf CHRans herabsenkt. Und Amalia friedlich guckt.* (Marter 4: Bauernopfer)

»Uh ja, die jungen Leute«, sinniert Onkel Pau-EL abschließend. Und Tante Lieschen blutrot den Rest vom Kuchen auf die Gabel kratzt. *Das aus CHRans' Gliedern Gequetschte zusammen mit dem Mohnmatsch sich reinschiebt.*

Das Gespräch geht auf Krankheiten. Amalia schenkt in die zweiten Tassen den Kaffee ein, hebt auf die Teller, die schon leer sind, große Schwarzwälder-Kirsch-Stücke.

CHRolger schwitzt und frisst. Weils zu Hause nur die Reste aus der Schulkantine gibt, in der Lieschen putzt, sagt Mama. *CHRans wimmert auf dem Teller. Ich treibe für mich auf dem Schwarztee, plätscher ein bisschen vor mich hin.* Ab und zu guck ich zu Mama, wie ihr Grübchen verschwindet, wenn Lieschen Anspielungen macht.

Ach, Mama. Ich weiß, ist nur für die Heinrichs und damit Lieschen nix zu reden hat. Tu's schon gern für dich. Trags dir schon nicht mehr nach. He, du schlägst dich heut nicht schlecht, Mama. Tappst in jede zweite Falle bloß.

Tante Lieschens Tonfall gereizt. Mamas Bandscheibenvorfall auch schwer zu toppen. Und das mit CHRans braucht Rache. In Lieschens Bart die Sahne perlt wie Schaum.

»Ah, Bärbel, wie CHReißt noch ma' die junge Mann, der auf Kasse jetzt sitz bei euch ... dein Freund, wie war sei Name ... ›CHReim‹, ›CHRirsch‹ oder ...?«

»Max«, antwortet Mama leise. Und der Pony ganz leicht gezittert.

»Aber mit dem bist du nicht befreundet.«

Onkel Heinrich. Aus dem Ledersessel erwachsen. Die Augen teetassengroß auf Mama. Tante Lieschen unauffällig zurückgezogen.

(Marter 5: Familienbande) Ich schwimme an den Rand der Tasse und sehe: Mama. An die Teekanne gefesselt. Über den schön geschwungenen Schnabel. Sticht ihr ins Kreuz. Mit Bandscheibenvorfall. Doch die Augen aufgerissen nur aus Angst.

»Amalia ...«

Tante Anna. Macht den lächelnden Mund auf. Ihre Porzellanglanzaugen genau in Amalias schauen. Gemüse für das Mittagessen morgen schälen soll sie bitte.

»Ein paar Möhren, den halben Topf Kartoffeln und eine mittlere Zwiebel, kochanie.«

Amalia nimmt ihre Tasse und ein paar Teller, auch meinen mit dem halben Mohnquadrat noch drauf, verlässt den Raum. Und Annas Augen wieder hoppeln. Und Lieschens lautlos fressen. Und Mama über die Tülle gespannt. Und Onkel Heinrich mit Augen wie Sauron ganz dicht vor ihrem Körper.

»Der Kaffee«, sage ich. »Der Kaffee ist alle«, sage ich. »Ich gehe noch welchen machen.«

Ich nehme die Kanne, auf der Mama gestreckt wird. Ohne zu gucken weiß ich, CHRans und CHRolger starren mir nach. Und Mama auch.

Ich schlurf in die Küche. Amalia sitzt über den Biomüll gebeugt, schält ne Möhre und weint. Wie ich reinkomme, lässt sie sie fallen, greift ne Zwiebel. Ich bleibe verwirrt stehen, weil das so pfiffig war und so fix ging.

Ich erklär ihr das mit dem Kaffee und sie nickt. Ich schalt den Wasserkocher ein, stell die Kanne auf den Tisch. Mama ist nicht an der Tülle, sie ist im Großen Zimmer geblieben. Rausgeholt hab ich nur mich.

Hab ganz heiße Ohren davon gekriegt. Das heißt ja, jemand redet oder denkt schlecht von mir. Sagt Mama zu Hause immer. Und glaubt das wirklich. Und will es dann besser machen. Beim nächsten Kuchenessen bei Heinrichs.

Das Klicken, das anzeigt, dass das Wasser fertig heiß ist. Ich schau auf die Uhr. Vielleicht noch eine Stunde. Wegen dem neuen Kaffee.

Vielleicht vergessen sie ja den Kaffee. Vielleicht trägt Amalia ihn rein. Oder Mama kommt in die Küche mit unseren Mänteln und sagt, dass wir gehen. Und Sonntag dann logo in die Kirche ...

Noch ein bisschen, dann frag ich sie, ob ich Möhren schälen darf.

DREIZEHNTE WOCHE
Carola Gruber

Du unterschreibst, dass Du sterben könntest. Dass Du nicht versuchen wirst, Auto zu fahren oder allein die Straße zu überqueren. Dass Du zum Arzt gehen wirst, falls Du stark blutest. Dass Du womöglich nie mehr Kinder bekommen können wirst.

Der Narkosearzt ist ein Gesicht zwischen Haube und Kittel, grün gerahmt und nichtssagend, eine Mauer, vor der Du einen hastig ausgefüllten Zettel unterschreibst, der Durchschlag gehört Dir. Das Vorgespräch ist eine Pflichtübung zwischen zwei OPs. Morgen bist Du dran.

Zuhause versuchst Du, die Schrift zu entziffern. Der Arzt hat nebenund übereinander geschrieben, schmale, hohe Zeichen, mal in die eine, mal in die andere Richtung geneigt, in unterschiedlichen Abständen. Zwischendrin ist mal ein Wort zu erahnen. Lähmung. Muskelkater. Lose Zähne.

Du hast überlegt.

Anton	Anna
Bernhard	Carina
Christian	Clara
Julian	Julia
Karl	Juliane
Louis	Laura
Ludwig	Lena
Marc	Lilly
Markus	Lina

Max		Martha
Paul		Martina
Sven		Paula
Thomas		Rebecca
Thorsten		Silvia
Till	oder	Svenja

Keiner davon.

Du hast Angst vor weiteren Fehlern.

*

Du hast nichts gegessen. Darfst nichts trinken, kein Bonbon essen, keinen Kaugummi kauen. Die U-Bahn ist voll, gerade so findest Du noch einen Platz. Die Leute haben Aktenkoffer und Handtaschen auf den Schößen, Schminke im Gesicht, Wolken aus Parfum und Aftershave um sich drapiert, tragen Kostüme und Anzüge und werfen eilige Berufsverkehrsblicke um sich. Du bist ungeschminkt, trägst eine alte Jeans und einen weiten Pulli, in den Du schnell und mühelos hineinschlüpfen kannst. Du bist aufgeregt, aber eilig hast Du es nicht. Dein Bauch ist flach vor Hunger, Dein Herz schlägt schnell seit Stunden, Du fühlst Dich leicht und schwach wie eine Feder.

Im Wartezimmer sitzen zwei Männer, ein alter mit Brille und ein junger in Jogginghose. Die Brille starrt vor sich auf den Boden, die Jogginghose blättert in einer Motorzeitschrift. Gestern saßen hier Frauen mit dicken Bäuchen. Eine hatte ein Kind mit Kinderwagen, Spielzeug und Großmutter mitgebracht, eine andere nur ein Mobiltelefon, in das sie ständig redete, in einer fremden Sprache, sich umschauend, die Augen rollend, schnaubend. Sie war nach Dir gekommen, hatte sich hingefläzt, als wolle sie sich hinter ihrem Bauch verstecken, ununterbrochen telefoniert, sich schließlich erhoben, bei den Krankenschwestern beschwert und war vor Dir drangekommen. Als Du fragtest, sagte man Dir: »Sie haben doch gesehen: Die Frau ist schwanger.« Von der Seite siehst Du in der Tasche der Jogginghose eine Zigarettenschachtel. Keine Zigaretten und kein Alkohol, heute und gestern und die zwölf Wochen davor.

Die Krankenschwester, die gestern die Schwangere vorgezogen hat, führt Dich in eine Umkleide. Zwei Wände sind mit Schließfächern bedeckt. Wie im Schwimmbad entkleidest Du Dich, legst Deine Sachen auf einen Stapel, der eingeschlossen wird. Dein Badeanzug heute ist ein Laken mit Ärmeln, hell und weit und hinten offen, nur von einer Schleife am Nacken zusammengehalten.

Vom Warten wird Dir kalt. Du hast die Decke bis unters Kinn gezogen und fragst nach einer zweiten. Eine andere Patientin, drei spanische Wände weiter, fragt nach etwas zu lesen. Nachrichtenmagazin oder Illustrierte – darauf weiß sie keine Antwort. Angst in der Stimme. Die Krankenschwester reicht ihr etwas nach eigenem Ermessen.

Der Narkosearzt ist ein Gesicht zwischen Haube und Kittel, grün gerahmt und nichtssagend. Er erlaubt Dir, beide Decken in den OP-Saal mitzunehmen. Er geht hinter Dir, die Decken hast Du um die Schultern gelegt. »Vorsicht, frisch gewischt«, sagt er, als Du die Schwelle übertrittst.

Du sollst Dich auf den OP-Tisch legen, ohne Dich vorher draufzusetzen, und die Kniekehlen in die Stützen legen. »Einfach nach hinten fallen lassen«, sagt der Arzt. Du steigst über einen mit einer Plastiktüte ausgekleideten Abfallkorb am Fußende des OP-Tischs, dort, wo Du Dich nicht hinsetzen sollst. In der Plastiktüte wird Blut landen und das, was man »organischen Abfall« nennt. Du wünschtest, sie hätten den Eimer erst hingeräumt, wenn Du schläfst.

Du frierst. Sie legen beide Decken über Deine Beine. Du weißt, dass sie sie gleich wegreißen werden.

Der Narkosearzt steckt Deinen Finger in eine mit Sensoren ausgestattete Klemme. Puls, Blutdruck und Sauerstoffsättigung flimmern auf seinem Monitor. Er schnürt Deinen Oberarm kurz vor der Ellenbeuge mit einem Spanngurt ab, klopft auf die Vene, legt die Nadel, als schneide er weiche Butter. Eine Schwester hantiert an Deinen Beinen, eine Stütze hat sich verschoben, Du hebst ein Bein an, während sie die Stütze korrigiert und die Plastikschuhe von Deinen Füßen zieht, der Anästhesist drückt den Inhalt einer Spritze in Deine Vene hinein. »Jetzt könnte es brennen«, sagt er. Das tut es nicht.

Er fragt Dich nach Deinem Urlaub. Du erzählst von der Nordsee, dem verregneten Sommer dort, den Ihr zu nutzen wusstet. Etwas Warmes breitet sich hinter dem Brustbein aus. Er fragt nach Sankt Peter-Ording. Du bejahst, schränkst ein, nur kurz, präzisierst, die meiste Zeit ward Ihr –

*

In Dir schläft ein Kind, dessen Herz nicht schlägt. Es wird nie sprechen, nie laufen und nie lesen lernen. Nie wird es Deine Milch trinken, nie Deine Berührung spüren, nie Dich ansehen.

*

Du fühlst Hände an Deinem Arm. Du sagst: »Ich spüre das, ich bin noch wach.« Es antwortet hinter geschlossenen Lidern: »Sie sind im Aufwachraum.« Du hörst gedämpftes Surren, die Augenlider sind schwer.

Du weißt: Aufwachen heißt Leben.

Tränen drücken sich durch Deine Lider. Dein Körper erinnert sich an Schmerzen, die Du nicht gespürt hast.

Jemand sagt: »Ist doch alles gut gegangen.«

Schmerz, als habe Dir jemand mit Anlauf in den Unterleib getreten. Du ziehst die Beine an, kraftlos auf der Matratze liegend. »Auf dem Rücken liegen bleiben«, ruft die Schwester. Dir wird schlecht. »Aufrichten, schnell«, befiehlt die Schwester und hält Dir eine Nierenschale hin. Eine zweite legt sie auf den Beistelltisch.

Du sehnst Dich nach jemandem, der Deinen Arm streichelt, Deine Hand hält.

Auf Deiner Bettdecke liegt das Aufwachraum-Protokoll in einem Klemmbrett. Zur Ablenkung liest Du es. Darin steht, vorausgefüllt, dass Du keine Schmerzen hattest und dass Dir nicht übel war. Die Häkchen sind leichthändig mit blauem Kugelschreiber gesetzt.

Die Schwester reicht Handschuhe und Papierhandtücher, zieht den Vorhang zu. Durch einen Spalt siehst Du, wie eine Patientin in einer Liege vorbeigeschoben wird. Für einen Moment seht Ihr Euch in die Augen. Dann wird sie hinter dem Vorhang neben Dir geparkt. Die Schwester lugt ungeduldig zu Dir herein. Du schiebst die Netzhose mit der Binde herunter, fasst Dir zwischen die Beine und ziehst eine mit Blut vollgesogene Tamponade heraus, legst sie auf die Papierhandtücher, packst die Handschuhe dazu und ballst das Ganze zu einem Klumpen. Die Schwester sieht wieder herein. Nun lässt sie Dich warten, mit dem Knäuel aus Blut, Handschuhen und Papierhandtüchern in der ausgestreckten Hand.

Der Narkosearzt liest das Aufwachraum-Protokoll. Er sagt, er und seine Kollegen seien zufrieden. Du seiest es vielleicht nicht, aber das sei nicht seine Sache. Dann geht er.

*

In Dir schläft eine Wunde. Sie hat weder Herz noch Hunger. Du nährst sie nicht, und doch wächst sie.

LET'S GET LOST
Tino Hanekamp

»Hey, mach dir keine Sorgen, es ist nur ein Auto, sie wird das im Hand-umdrehen wieder reparieren«, sagte Howe und warf meine Tasche in den State Trooper. Hoch oben am Himmel hing die Sonne und brannte auf uns herunter, keine Wolke weit und breit, es waren über zwanzig Grad im Schatten, und das Mitte Januar; selbst in Tucson, Arizona reichte das für ein rotes Kreuz im Kalender. Das Wetter spielte schon seit Tagen verrückt, am schlimmsten waren diese trockenen Gewitter gewesen, die hatten mir einen Mordsschrecken eingejagt, dabei bin ich kein sonderlich ängstlicher Mensch, aber so ganz allein in der Wüste, und nachts heulten die Kojoten nach jedem Donnerschlag …

Einmal hatte ich sogar Feuer gesehen in der Ferne, vermutlich brennende Kakteen, da, wo ein Blitz in die Erde gefahren war. Fast war ich froh, wieder zurück in der Zivilisation zu sein.

»Was ist denn eigentlich mit der Tür passiert?«, fragte Howe und kratzte sich am Kinn. »Wie kriegen wir die denn jetzt zu?«

»Tja, ist ne längere Geschichte«, sagte ich. »Warte mal, ich mach das.«

Ich sprang in den Travco, lehnte die Tür von innen gegen den Rahmen, schob den Kühlschrank davor und hoffte das Beste.

»Wenn man's nicht weiß, könnte man glatt denken, alles wär in Ordnung, findest du nicht?«, sagte ich, als ich wieder neben Howe stand.

Er packte mich an den Schultern, setzte seinen Die-Welt-ist-groß-mein-Freund-und-wir-sind-klein-Blick auf und sagte mit seiner whisky-weichen Outlawstimme: »Gut, dass du wieder da bist.«

Ich sah ihm in die Augen, bis es nicht mehr ging. Mein Grinsen war so schief, als Howe mich wieder losließ, hatte ich einen Krampf im Kiefer.

»Wie war's denn da draußen?«, fragte er. »Hast du was gefunden?«

»Ja«, antwortete ich, »nichts.«

»Fantastisch.« Er schlug mir auf den Rücken. »Wo nichts ist, entsteht was. Auf geht's!«

Wir fuhren zurück in die stinkende Stadt. Howe trug seine grüne Schirmmütze, auf der *Good Luck, Suckers* stand, und um seine Lippen spielte dieses leichte Lächeln, als wäre alles nur ein großer Witz. Wahrscheinlich war's das auch, ich hatte es nur noch nicht begriffen. Das Land um uns war ockerfarben, da war kein Grün weit und breit, ein warmer Wind kam aus der Wüste, wo alles darum kämpfte, am Leben zu bleiben. Jeder Kaktus, jeder Busch drängte mit aller Kraft nach oben und wartete auf Wasser, das nie fiel; ich fragte mich, wozu das gut sein sollte.

»Hoffe, ich habe dich nicht bei irgendwas gestört«, sagte ich kurz hinter der Stadtgrenze.

»Wir mischen das Album«, antwortete Howe, »ist gut, da mal rauszukommen.«

Ich starrte ihn fassungslos an. Drei Wochen zuvor hatte der Typ noch im Wohnzimmer überm Klavier gehangen und was von Skizzen gemurmelt, und jetzt war das Album fertig?!

»Wie geht das?«

»Was meinst du?«

»Ich meine ... so schnell!«

»Es passiert einfach.« Er zuckte mit den Achseln. »Es fließt. Es ist wie Atmen.«

»Wow«, sagte ich. »Atmen also. Atmen ...«

»Na ja, ich bin ja jetzt schon ein paar Jahrzehnte dabei. Der Trick ist, nicht zu denken. Früher habe ich Pot geraucht, heute geht's so.«

Vielleicht hätte ich da draußen auf irgendeinem Kaktus rumkauen sollen, dachte ich. Ein Schlangenbiss hätte es eventuell auch getan. Aber hinterher war man immer schlauer.

Howe stoppte den Wagen an einer roten Ampel, die auf der anderen Seite der Kreuzung über der Straße hing. Der Verkehr war hier dichter, die Autos waren neuer, und alles bewegte sich wie von einer unsichtbaren Mechanik gesteuert. Ich fragte mich, wie das sein konnte. Es müsste doch eigentlich alle naselang jemand Vollgas geben, den Rückwärtsgang einlegen oder einfach aussteigen und weggehen, weil er die Zumutung einer roten Ampel nicht länger aushielt oder den Witz schon kannte, aber nichts. Alles funktionierte, und wenn doch mal jemand im Graben landete, kamen sofort ein paar Männer in Uniform und wischten das Blut weg.

»Und, was hast du jetzt vor?« Howe steckte sich einen Kaugummi in den Mund und reichte mir die Packung.

»Keine Ahnung«, sagte ich, drückte mir vier von den Dingern in den Kopf und kaute und kaute; der Klumpen wurde größer und größer, er schmeckte nach Wildkirsche und Badeschaum.

Howe zog einen CD-Rohling aus der Hemdtasche, schob ihn in den Player und drehte die Lautstärke auf. Eine verwehte Gitarre erklang, gefolgt von einem stolpernden Schlagzeug, und dann war da seine Stimme; sie fuhr mir bis in die Knochen, und die Welt um uns wurde weicher und franste an den Rändern aus.

Das blaue Haus stand an der Ecke Church Avenue / W 18th Street im Barrio Santa Rosa im Süden der Stadt zwischen Downtown und Freeway und sah genauso aus wie bei Google Street View. Als mir Howe die Adresse geschickt hatte mit dem Satz *it's the blue house, my friend, you will be welcome*, hatte ich mich sofort hierhin geklickt, weil ich nicht glauben konnte, dass mir Howe Gelb tatsächlich seine Adresse gegeben hatte. Damals dachte ich noch, es sei eine gute Idee zu verreisen, um den Kopf freizukriegen. Damals, das war vor zwei Monaten gewesen, aber hier und jetzt vor dem blauen Haus mit meiner Tasche in der Hand schien es mir wie ein anderes Leben.

Howe fuhr zurück ins Studio, ich strich mir die Haare aus dem Gesicht, klopfte mir den Staub von der Hose und drückte die Klingel.

Die Tür ging auf und da stand Sophie und strahlte.

»Da bist du ja wieder. Kinder, er ist wieder da!«

Lulu, Howes und Sophies siebenjährige Tochter, flitzte herbei, stemmte die Hände in die Hüften und sagte: »Du hast alles verpasst.«

Hinter ihr erschien Luka und schüttelte den Kopf. »*Dude*, du siehst aus wie ein Penner. Warst du Ziegen hüten oder so?«

»Nee, ich bin ein Hobo, ein Rumtreiber, ein Glückssucher«, sagte ich, »das ist was ganz Edles, das kennt heute nur keiner mehr.«

Luka lachte mit all der Coolness seiner dreizehn Jahre.

»*Mom*, er stinkt«, sagte Lulu und hielt sich die Nase zu.

»Jetzt lasst ihn doch mal. Komm schon, komm rein!«

Das blaue Haus war innen grün, rot, braun, gelb, weiß – Sophie hatte jedes Zimmer in einer anderen Farbe gestrichen und alles mit dieser nachlässigen Eleganz eingerichtet, wie sie nur jenen Menschen eigen war, die einen Blick hatten für die schönen Dinge, aber mit ihnen lebten und nicht für sie.

Nachdem ich mich geduscht und rasiert hatte, starrte ich in den Spiegel und versuchte eine Verbindung herzustellen zu dem, was ich da sah. Irgendwann klopfte es und Sophie fragte, ob alles in Ordnung sei.

Ich öffnete die Tür. »Ja, alles gut, danke.«

»Okay, aber willst du dir nicht lieber was anziehen?«

Ich sprang in meine Hose und versuchte es noch mal: »Sorry, äh, mir geht's prima, sag mal, könntest du mir vielleicht die Haare schneiden? Also nur, wenn du willst, natürlich.«

»Endlich fragt mal einer!« Sophie grinste. »Setz dich hin.«

Ich hockte mich auf den Schemel, der neben der Badewanne stand und versuchte mich auf den Punkt zu konzentrieren, der da irgendwo in meiner Brust war, vielleicht war es auch kein Punkt, auf jeden Fall aber ein Ort, an dem es vollkommen ruhig war, warm und leer.

»Ein Glück, dass du da bist«, sagte Sophie in das Schnippen der Schere. »Ich muss noch was besorgen und Luka zum Sport bringen, du weißt doch, ich bin eine von diesen *soccer moms* … Sag mal, bist du sicher, dass du das so kurz willst?«

»Ja, ja«, sagte ich, »alles ab.«

»Na, wenn du meinst … Also, könntest du hierbleiben und auf Lulu aufpassen? Einfach nur darauf achten, dass sie kein Crack raucht, nicht zwanzig Pizzen für Emmy bestellt oder das Haus anzündet?«

»Nichts lieber als das«, sagte ich, denn das ist es doch, was man braucht auf der Welt, um nicht wahnsinnig zu werden: eine Aufgabe.

Sophie strich mir die Haare aus dem Nacken. Sie war entweder mit den Gedanken woanders oder ein bisschen zu sehr bei der Sache, ich war froh, dass ich saß.

»Wie war's eigentlich da draußen?«

»Die offizielle oder die inoffizielle Version?«

Sie stand vor mir und betrachtete ihr Werk.

»Die inoffizielle natürlich.«

»Die ersten Tage ging's, dann bin ich fast verrückt geworden. Ich weiß nicht, ist halt hart, so ganz mit sich allein zu sein. Ich dachte, ich könnte das besser.«

Sophie nahm das Handtuch von meinen Schultern und schüttelte es über der Badewanne aus. Sie war groß, blond und bewegte sich mit der Geschmeidigkeit einer Tänzerin.

»Ich würde es da keine fünf Tage aushalten, nicht mal mit Howe. Wo genau warst du überhaupt?«

»Keine Ahnung.«

»Und was hast du jetzt vor?«

»Offiziell oder inoffiziell?«

Sie hob spöttisch die Augenbrauen.

»Ich glaub, ich lass mich in eine geschlossene Anstalt einweisen.«

Sophie lachte und legte die Schere zu all den anderen Scheren in die alte Blechbüchse im Regal neben dem Waschbecken, das auch alt war.

Das blaue Haus war jetzt ganz still, man hörte nur das entfernte Rauschen des Freeways und das Plingen des Windspiels im Garten. Lulu brauchte mich nicht. Lulu saß mit ihrem iPad auf dem Bett.

»Was machst du denn da?«

»Ich backe eine Hochzeitstorte.«

»Mit dem Ding? Wie geht das denn?«

Sie warf mir einen Blick zu, der klarmachte, dass sie weder Zeit noch Lust hatte einem Neandertaler die Errungenschaften der Moderne zu erklären, und rührte weiter irgendwelchen virtuellen Kram zusammen, während mich Emmy, die neben ihr lag, mit ihren Katzenaugen in Scheiben schnitt. Ich ging in Howes Heimstudio, wo meine Tasche stand und das Sofa, auf dem ich schlief, setzte mich an den Schreibtisch und tat das, was wir alle machten, wenn wir nicht mehr wussten, wer wir waren: Ich ging ins Netz.

296 neue Mails. Das meiste davon war natürlich Schrott, aber in dem Schrott lagen ein paar Sprengsätze, und auf die trat ich nun drauf.

Jenny schrieb, dass es ihr gut gehe und noch besser gehen würde, wenn ich mich mal kurz meldete, damit sie wisse, ob es mich noch gibt. Dass ich unseren Jahrestag vergessen hatte, nahm sie mir übel, was ich daran merkte, dass sie ihn mit keinem Wort erwähnte und ihre Mail mit den Worten »bis dann, Jenny« beendete. Ich spürte ein diffuses Ziehen in der Brust und ging weiter. W.P. schrie nach Text. Zwölf Mails von W.P. und in jeder schrie er lauter. Unklar, wie der Typ Lektor in einem Literaturverlag werden konnte. Hauptmann bei der Fremdenlegion, Zuhälter renitenter Dominas, Tierquäler – ja. Lektor in einem Literaturverlag – nein.

Mein Vater schrieb den herrlichen Satz: »Wir sind sehr enttäuscht von dir, so haben wir dich nicht erzogen.« Meine Mutter schrieb drei Mal dasselbe: »Wie geht's dir? Uns geht's gut. Hab dich lieb, Mutti.«

Ansonsten nur die üblichen Rechnungen, Pfändungsandrohungen und Absagen, das kam alles per Mail, und das war natürlich praktisch, da wusste man überall auf der Welt sofort, wie hoch das Wasser stand.

Merkwürdigerweise kaum Post von Freunden. Jakob wollte wissen, was los war, Henning fragte, ob ich schon tot sei, Lisa lud mich zu einer Party ein und noch ein paar andere schrieben irgendwelchen Kram, bei dem unklar blieb, ob das nun direkt an mich gerichtet oder eine Art Rundmail war. Mein Facebookprofil hatte ich schon vor Monaten gelöscht, und jetzt tat's mir leid. Da hätte ich wenigstens mal gucken können, was die anderen so machten, wie ein normales Leben aussah und ob mich nicht doch jemand vermisste. Vielleicht redeten sie ja über mich und tauschten alte Fotos aus.

Beinahe hätte ich meine Lieblingspornowebsite aufgerufen. Das war ja, zumindest für den Moment, immer beruhigend. Da kamen wir her, da wollten wir hin, das ergab irgendwie Sinn. Aber so weit war es dann doch noch nicht, dass ich mir an Howe Gelbs Computer einen runterholte, während seine Tochter nebenan eine Hochzeitstorte backte. Da guckte ich doch lieber mal, was der Mann so in der Schublade hatte: Alte Backstagepässe, Visitenkarten, ein Krümel Pot, CDs und – das war interessant – einen alten Revolver, so ein Teil wie aus nem Western, es waren sogar Patronen in der Trommel. Schon ein bisschen merkwürdig in einem Haus voller Kinder. Aber vielleicht war das ja sein Geheimnis, dachte ich. Vielleicht schob er sich, wenn er nicht weiterwusste, einfach den Lauf in den Mund, und dann ging's wieder. Das probierte ich umgehend aus, doch bis auf den Geschmack nach Öl und Rost stellte sich leider nichts ein. Als es draußen drei Mal hupte, hätte ich beinahe abgedrückt.

ALLES WIRD GUT
Irina Kilimnik

Als der Zug sich langsam in Bewegung setzte, riss meine Mutter trium-phierend die Kordel um die Kiew-Torte ab und öffnete den mit Butter durchtränkten Karton. Die gezuckerten Dekorblumen leuchteten in Gelb und Orange, während die Sahneverzierung bereits in die aufge-weichten Schichten der sowjetischen Papierindustrie übergegangen war.

Endlich, sagte sie, schnitt sich ein Stück ab und versenkte die Zin-ken einer Plastikgabel in den klebrigen Berg. Die berühmte Kiew-Torte bestand aus zwei Baiser-Nuss-Schichten, die von einer Creme Patissier zusammengehalten und von einer süßen Butter-Kakao-Masse umhüllt wurden. Mit der rechten Hand drückte Mutter leicht auf die Gabel, schob sie sanft durch die Torte hindurch, hievte den ab-getrennten Bissen drauf und aß ihn. Das Baiser krachte unter ihren Zähnen zusammen und sie lächelte. Stück für Stück verschwand die Schnitte in ihrem Mund und mit dem letzten Bissen schloss sie end-gültig mit der kargen sowjetischen Realität und den Strapazen der letz-ten Tage ab. Sie saß noch eine Weile da, schob mit ihren frisch mani-kürten Fingern die Baiserkrümel auf dem Tisch zu einem kleinen Häufchen zusammen und schwieg. Ich schwieg zornig dagegen und schielte auf ihre auf den Tisch trommelnden Fingerkuppen, die dün-nen Handgelenke, den Hals, den sie jeden Abend mit Gurkenlotion ein-rieb, die schmalen, aufeinander gepressten Lippen, und wünschte, wir wären nicht wir. Oder nicht heute. Oder nicht hier.

Die sechs orangefarbenen Koffer, die wir kurz vor der Abreise ergat-tern konnten, waren für die unteren Ablagefächer zu groß und an die oberen kamen wir nicht ran, und so lagen sie auf unseren Betten, jeweils zu dritt aufeinandergestapelt, und folterten mit ihrer bloßen Anwesenheit den Ordnungssinn meiner Mutter. Da drin, aufs äußerste zusammengepresst und in Zeitungen eingewickelt, befand sich seit Vorgestern ihr Leben und wartete auf Erlösung. Bald geht's richtig los, flüsterte sie und streichelte mit dem Handrücken das orange Kunstleder. Ich hatte nichts zum Streicheln, ich schleppte mich ihren Hoffnungen entgegen. Da gibt es alles, sagte sie und schmiss meine Erinnerungen in die Tonne. Dein Leben – ein unbeschriebenes Blatt, kein Platz für Ballast. Alles nur für dich, mein Leben für dich. Für das Andere gab es Schubladen, Abstellkammer, Dachböden.

Ich suche nach Hilfe, murmelte Mutter und stöckelte aus dem Abteil. Sie hasste hochhackige Schuhe genauso inbrünstig wie sie ihre zu klein geratene Statur hasste. Seit sie aber zur unverhofften Erkenntnis gekommen war, der Zuwachs von sieben oder neun Zentimetern Absatzhöhe beseitige all ihre Minderwertigkeitskomplexe, ertrug sie tapfer die Unannehmlichkeiten, wie Druckstellen, Schwielen und schmerzende Mittelfußknochen. Solange sie körperlich litt, konnte sich ihre Seele erholen. Sei froh, dass du nach deinem Vater geraten bist, sagte sie, während ich ihr die Füße massierte. Wenigstens dafür war er gut genug gewesen. Mein Vater, der verkannte Maler von toten Vögeln und Tierkadavern, gab mir am Bahnhof einen flüchtigen Kuss und bat meine Mutter, ihm deutsche Pinsel und Farben zu schicken. Sie nickte und als er ging, schaute sie ihm lange hinterher, immer noch über die Tatsache verwundert, mit diesem Menschen fünfzehn Jahre ihres Lebens vergeudet zu haben. Er war ein hoffnungsloser Versager, während sie nach Unmöglichem greifen wollte. Schau nur wie die leben, hatte sie mit glänzenden Augen die raren Auslandsreportagen im Fernsehen kommentiert.

Wie denn? hatte ich gefragt.

Wie Menschen.

Und wie leben wir?

Wie Vieh.

Und sie wollte nicht länger wie Vieh leben, wenn auch wie privilegiertes Vieh in einer Zweizimmerwohnung mit Küche, Dusche und Klo.

Als sie mit der Einreisegenehmigung vor meiner Nase hin und her wedelte, die Augen glänzend, die Gedanken ungeniert, mit dem einen Fuß im Dreck, der andere bereits im süßen Nichts, fühlte ich mich überrumpelt. Sie sagte, es wäre nur zu meinem Besten, und verkaufte mein Klavier. Das Staccato erlosch. Kein Crescendo, Diminuendo mehr, kein runder Handrücken, keine Krallen meiner Lehrerin auf der Haut, kein sich verstellen, verbiegen, manchmal verkriechen, nur ihr zuliebe, nie mich selbst erfüllend. Übrig vom Klavier blieb bloß eine nahezu perfekt geschnittene Staubdecke auf dem grauen Linoleum, die sofort im Putzeimerwasser aufgelöst wurde.

Zwei Monate später veranstaltete sie in der leergeräumten, fremd gewordenen Wohnung eine Abschiedsparty. Wodka und Tränen flossen im Übermaß. Tausend gläserne Augenpaare starrten mich an, tausend verschwitzte Hände betatschten meine Wange. Wie im Zirkus, sagte meine Tante und zerrte mich auf den Balkon. Trink, sagte sie, und ich trank eiskalten Wodka. Weine, sagte sie und ich weinte um meine Aussichtslosigkeit. Das Ritual war vollbracht. Sie entließ mich in die Welt.

Wäre meine Mutter zu dem Zeitpunkt nach ihrem Befinden gefragt worden, hätte sie geantwortet, ihr sei es noch nie besser gegangen und ihre Entscheidung, das Land zu verlassen, sei die beste, die sie je in ihrem Leben getroffen habe. Wäre ich zu dem Zeitpunkt nach meinem Befinden gefragt worden, hätte ich gesagt, mir sei es noch nie schlechter gegangen und ihre Entscheidung, das Land zu verlassen, sei die dümmste, die sie je in unserem Leben getroffen habe.

Ich zog die schmuddeligen Vorhänge des Zugfensters auseinander. Zwischen den Doppelglasscheiben hingen lange, mit Staub bedeckte Spinnenwebenfäden, die im Luftzug flatterten. Dahinter lag die Ödnis der ukrainischen Provinz, alte, verlassene Holzhäuser, verwilderte Felder und abgemagerte Hühner, die sich selbst überlassen waren.

Heute früh hatte sie mir eine Goldkette und zwei Diamantringe gegeben, alles in ein Taschentuch eingewickelt. Versteck das in deinem

BH, sagte sie, ich glaube nicht, dass sie dich an der Grenze durchsuchen werden. Ich schaute in den Abteilspiegel, fand meine linke Brust etwas voluminöser als die rechte, fuhr mit der Hand ins Körbchen, verschob den illegalen Ballast weiter nach links, blickte wieder in den Spiegel, verschob noch ein Stück und dann noch ein bisschen. Je mehr ich an mir herumwerkelte, desto unsymmetrischer wurde der Busen. Ich schwitzte, mein Decollete färbte sich lila-rot, auf der Stirn leuchtete in Großbuchstaben Verräter. Ich entschied ihr nicht mehr zu gehorchen, öffnete den obersten Koffer, wühlte mich hinein, schob meine Angst dazwischen und verschloss ihn wieder. Ich war ihr endlich entkommen. Wenn sie davon erfährt, wird für sie die Welt zusammenbrechen.

Zurück kam sie mit einem kräftigen, kahlen Mann, der ihr die Koffer endlich aus den Augen schaffen sollte. Er hockte sich hin, fasste den Angstkoffer an beiden Seiten und hob ihn mit einem ruckartigen Aufstehen hoch in die obere Ablage. Es folgte Koffer Nummer zwei. Beim dritten schob sich sein Pullover samt Unterhemd mit nach oben und ich sah einen geraden und gestutzten Haarstreifen, der vom Bauchnabel abwärts in die dunkle Jeans hineinlief. Wie ein Stück künstlicher Wollmatte, die mit Sekundenkleber sorgfältig auf den Unterbauch geleimt worden war. Für immer? fragte er meine Mutter und zog den Pullover runter. Sie nickte. Er flüsterte ihr etwas ins Ohr, ihre Augenbrauen wanderten nach oben. Als er ging, mit einem Stück Kiew-Torte in der Hand als Dankeschön, setzte sie sich neben mich.

– Er meinte gerade, ich sollte mit dem Schaffner reden.

– Worüber?

– Für 50 Dollar lassen sie dich scheinbar die Grenze passieren, ohne das Gepäck zu durchsuchen.

Mein Hals juckte.

– Was meinst du? Soll ich mich erkundigen?

Und ohne meine Zustimmung abzuwarten, zählte sie die Dollarscheine zusammen.

– Schließ die Tür hinter mir ab.

Ich zuckte mit den Schultern.

Außer den zwei Ringen und der Kette verließen eine Marienikone, die mit einem von Vaters skurrilen Bildern überklebt war, und dreitausend Dollar illegal das Land. Das war alles, was sie sich für die Ausreise heimlich zusammengespart hatte. Hätte Vater davon Wind bekommen, hätte er sich für das Geld Farben und Leinwände besorgt, so wie die anderen Ehemänner die Pelzmäntel ihrer Ehefrauen gegen billigen Fusel tauschten. Mir wäre es lieber gewesen, sie hätte nicht auf den Glatzkopf gehört. Von mir aus hätte sie die dämliche Torte weiteressen können und dabei so tun, als schmecke sie ihr. In Wahrheit schwärmte sie für Schwarzbrot mit Butter, Hering und Zwiebelringe der Sorte »Jalta«. Doch der Start ins neue Leben konnte auf keinen Fall mit einem toten Fisch begonnen werden. Das wäre ein schlechtes Omen und sie war abergläubisch.

Ich kratzte mit dem Fingernagel an der Baiserschicht, zuerst vorsichtig, dann stärker, bis die erste Phalanx vollständig in der Torte verschwand.

– Lass das.

Sie stand an der Tür, die ich vergessen hatte abzuschließen.

– Du bist keine Fünf mehr.

Sie durchwühlte ihre Tasche.

– Und? fragte ich.

– Nichts und.

– Was hat der Schaffner gesagt?

– Kümmere dich um deinen Kram. Und schließ die verdammte Tür ab.

Sie ging wieder. Ich verharrte im Schneidersitz, den Kopf an die im Zugrhythmus ratternde Abteilwand gestützt, und wartete.

Der Hund darf nicht mit, sagte sie im Vorbeigehen, als ich mein Gesicht gerade in sein Fell stecken wollte. Er ist zu alt, Liebes, fügte meine Tante hinzu, die in diesen Tagen wie ein Schatten meiner orkanwütenden Mutter folgte und den Schaden, den diese anrichtete, zu begrenzen versuchte. Der Hund wusste bereits, dass er nicht mitkommt. Ich steckte trotzdem mein Gesicht in sein Fell, bis er genug von mir hatte. Dann verschwand er. Was blieb ihm sonst? Ich hätte ihn zu mir genommen, sagte mein verständnisloser Vater, jetzt wird das arme Vieh unter irgendeinem Baum krepieren. Er ist schon längst tot, erwiderte Mutter und wütete weiter. Und erst dann, als alles zerstört, ruiniert und kaputt war, besann sie sich und ging den Hund suchen.

Auf das leise Türklopfen reagierte ich nicht. Auch die längere Trommelsequenz ihrer Finger riss mich nicht aus der Leere heraus. Ich wusste, sie stand davor. Ich wusste, sie war bleich vor Angst. Vor Angst und Entsetzten, ich säße in einer Blutlache oder baumelte in der Luft.

– Mach auf.

Sie hämmerte mit ihren Fäusten dagegen.

Die Spinnwebenfäden vibrierten.

– Mach sofort die Tür auf!

Der eine Faden riss ab und fiel ihr zum Opfer. Weitere folgten.

Als ich endlich den Riegel zur Seite schob, war sie weg. Kein Winseln, Schreien, Fluchen.

Ich ging sie suchen.

Vorbei an geschlossenen Abteiltüren, an überschriebenen Lebensentwürfen, an zerbrochenen Träumen, an Ängsten.

Vorbei.

Sie stand hinten und rauchte zwischen zwei Welten. Das Rattern der Zugräder betäubte meine Sinne.

Sie legte ihre Hand um mich. Meine Haut litt Verbrennungen.

– Es gibt nur dich, sagte sie und weinte.

Ich starrte aus dem Fenster.

Da draußen, irgendwo zwischen den verfaulten Häusern und hängenden Kabelschleifen wartete die Erlösung. Sich dagegen zu wehren, wäre sinnlos.

VATER
Madita Krügler

I

Ich war elf, als mein Vater mich zum ersten Mal in den Wald mitnahm. Als ich zum Haus zurückblickte, waren die Fenster dunkel. Nur hinter dem meiner Mutter ahnte ich ihre hagere Gestalt, die auf mich und meinen Vater herabsah. Was er mir zeigte, vergaß ich nie. Meine Mutter, das wusste ich, missbilligte die nächtlichen Ausflüge meines Vaters mit mir. Obwohl sie nie davon sprach. Ich sah es ihr an, ihren liniengeraden Lippen und dem gestrafften Blick, der über mich hinwegsah, wenn ich mich am nächsten Morgen an den Küchentisch setzte. Ihr Schweigen hing in der Luft zwischen Schinkenfett und ihrem schweren Parfüm. Nach Lavendel roch es.

Nach Lavendel roch es auch in den Büschen, als mein Vater mir das erste Mal den Weg zeigte. Die Nacht war warm und stickig, eine Augustnacht, die die Hitze des Sommers noch in sich trug. Mein Nachthemd war dünn, und trotz der Wärme fröstelte ich, als ich meinen Vater ansah. Wie er vor mir her stapfte, ein breiter schwarzer Fleck vor der Nacht. Er hatte nicht gesagt, wohin wir gingen. Mein Vater sprach nie. Die einzigen spärlichen Worte, die er verlor, galten meiner Mutter oder dem Großvater, als der noch im Schaukelstuhl vor unserem Kamin gesessen hatte. Das einzige, was mir zukam, war ein gelegentliches Brummen, ein Runzeln der Stirn oder ein Kopfschütteln, wenn ich meiner Mutter beim Essen von der Schule erzählte.

Komm, hatte er diesmal gesagt. Hatte sein Blick gesagt, mit dem er die Tür zu meinem Zimmer öffnete. Weiches Flurlicht fiel auf mein Bett. Es ist so weit, sagte er.

Also gingen wir.

Was so weit war, wusste ich nicht, aber ich stellte keine Fragen. Mein Vater war kein Mensch der Fragen. Meine Mutter wollte immer Antworten. »Wo warst du so lange?«, fragte sie oft, wenn ich von der Schule heimkam und das Mittagessen kalt vorfand. Ich sagte ihr, dass ich bei Freunden gewesen war, aber das stimmte nicht. Meistens verbrachte ich die Zeit im Wald.

Das erste Mal war, wie gesagt, eine Augustnacht. Wir gingen immer nachts, damit uns die Mutter nicht sah. Obwohl ich wusste, dass ihr das Klicken der Tür und das Rascheln unserer Jacken nicht entging. Und im Winter die Spuren im Schnee. An ein einziges Mal erinnere ich mich, bei dem meine Mutter ihr Schweigen brach. »Was macht er mit dir?« Das war alles, was sie fragte, und sie fasste mich bei den Schultern, wie es sonst nur mein Großvater tat, um zu sagen, wie groß ich geworden sei. »Was macht er mit dir, Mädchen?«

Aber ich hielt mein Versprechen. Das stumme, nie ausgesprochene Versprechen, das ich meinem Vater in jener Nacht gegeben hatte, als ich alle Fragen für mich behielt. Und so presste ich die Lippen zusammen, und meine Mutter ließ mich los, schüttelte in einem schwachen Anflug den Kopf und ging davon. Eine Spur von Lavendel blieb zurück. Danach sprachen wir nie wieder von Vater.

II

Als ich älter war, zog er in den Wald, mein Vater. Manchmal besuchte ich ihn, aber nur selten, denn die Blicke meiner Mutter waren zum Befehl geworden. »Ich will nicht, dass du allein in den Wald gehst«, sagte sie. Dass ich nicht allein sein würde, verstand sie nicht.

Ich glaube, selbst wenn sie es gewusst hätte, wäre ihr Kopfschütteln das gleiche gewesen.

Der Weg war immer der gleiche. Ich ging ihn blind, schon seit der ersten Nacht, damals noch stolpernd, dem Rücken meines Vaters folgend, diesmal mit Füßen, die wussten, was sie erwartete.

Der Weg war weich, Klee und Gras, das unter meinen Schritten zerdrückt wurde und sich hinter mir, so jedenfalls stellte ich es mir vor, wieder aufrichtete. Ein paar Nesseln streiften mich, als ich mich durch den Spalt im Zaun zwängte, den mein Vater mit beiden Händen aufgerissen hatte, damit ich hindurchklettern konnte. Beim ersten Mal war ich hängengeblieben, eine Woche lang trug ich nur langärmelige Hemden, um die Striemen der Maschendrähte an meinem Arm zu verbergen.

Die Nesseln standen hier dicht und hoch. Wenn ich bei dem Haus ankam, kribbelten meine Beine, wo die Nesseln meine Haut berührt hatten. Wenn ich zurückkam, ging ich durch die Hintertür ins Haus, an meinen Fingern einmal noch Spuren von Blut, die ich unter dem Wasserhahn an der Hauswand abwusch. Das Wasser war eiskalt.

Wenn mein Vater erzählte, musste ich zu seiner Rechten sitzen. Auf dem linken Ohr hörte er schlecht, seit sein Vater – mein Großvater – eine Gewehrkugel direkt neben seinem Kopf abgeschossen hatte. Acht Jahre alt war er gewesen, als mein Großvater ihm gezeigt hatte, wie man ein Gewehr reinigte. Dass man den Lauf mit Waffenöl und Pfeifenreinigern säubern konnte. Es war eine alte, ölige Flinte, die er mit Bleikugeln füttern musste, nur eine Handvoll Schuss hatte sie. Als mein Großvater ihm das Schießen beibrachte, war er gerade neun geworden.

III

Als mein Vater starb, ordnete meine Mutter die Blumenstängel in der Vase. Im ganzen Haus roch es nach Blumen. Auch der Sarg roch süß, und mein Vater sah fast aus wie mein Vater. Aber gleichzeitig sah er ganz anders aus. Etwas an seinen Gesichtszügen war es, das ihn fremd aussehen ließ, so wächsern und verschlossen, wie ein zugeklappter Buchdeckel oder ein weißes Abdecktuch. Das Lächeln fehlte, auch wenn mein Vater nur selten gelächelt hat. Aber dass es fehlt im Gesicht, das merkt man trotzdem.

Als ich an diesem Abend das Haus zum Wald verließ, sah ich nicht zurück, spürte nur das Schweigen meiner Mutter im Rücken. Meine nackten Füße rutschten in den Gummistiefeln, von denen sich bei jedem Schritt kleine Klumpen von altem Dreck lösten. Es war ein feuchter Tag, einer dieser Tage, an denen die Herbstluft wie nasses Laub an einem klebt.

Der Maschendraht schnitt mir in die Handflächen, als ich den Zaun auseinander drückte und mich durch die Lücke schob. Nesseln streiften meine Beine, und dann war ich da. Da war das Haus.

Das erste Tier, das mein Vater geschossen hatte, war der alte Schäferhund. Das Blut war dick und dunkel gewesen, fast schwarz, als es später sein Bauchfell verkrustete. Das ist, was er mir in einer unserer Nächte erzählte. Mein Großvater hatte ihn den Boden mit frischer Erde zuschippen lassen, damit man den Fleck nicht mehr sah. Er selbst stand bei den Bäumen vor dem Haus und hängte gehäutete Rehe in die Äste, wo sie sich langsam im Wind drehten. Fleischbäume nannte er sie.

Jetzt das Haus. Unser Haus, unser Dach. Wie ein hohler, brüchiger Zahn sah es aus, wie es da aus dem Dickicht aufragte, alt, schief und mit Ranken überwachsen, die an dem bröckeligen Gemäuer empor krochen. Ich schob einen Dornenzweig beiseite, um mich durch den Mauerspalt dahinter zu zwängen, und stand in der kühlen Dunkelheit des Hausinneren. Die Luft war stickig. Alle Fenster waren mit Brettern vernagelt, und nur durch einzelne Ritzen drangen staubige Lichtfasern. Fensterglas knackte unter meinen Schuhen, als ich den Raum durchquerte.

Ich nahm die Decke aus seinem Zelt zwischen einem umgestürzten Tisch und den entrissenen Beinen eines Schemels, es war eine alte Hundedecke aus Großvatertagen mit Löchern und süßem Pfeifengeruch. Ich zögerte. Der Schlafsack meines Vaters lag vom Schlaf zerdrückt im Zelt. Dann nahm ich den Schlafsack, das Fernglas, die Thermosflasche, in der noch etwas kalter Tee schwappte, Bleistift, Zettel, Campingkocher und den Blechtopf, den meine Mutter vor Jahren in den Müll geworfen hatte. Ich nahm es alles auf den Arm und drückte es an mich, während ich zu der Treppe ging, die sich in morschen Zirkeln in die Höhe schraubte.

Langsam trat ich auf die erste Stufe, hier musste man vorsichtig gehen, ein Schritt nach dem anderen, denn jede hastige Bewegung konnte das Holz zum Brechen bringen. Die Stufen knarrten unter meinen Füßen. Ich hielt die Luft an, genoss das Pochen in meiner Brust und hielt erst an, als ich den obersten Treppenabsatz erreicht hatte.

Im Fußboden des Dachzimmers, an dem die Treppe endete, fehlten Dielen. Sie waren weggebrochen und faulten unten zwischen den Fensterscherben und entgliederten Stuhlbeinen dahin.

Am Rand des Daches, da, wo der Holzboden am stabilsten war, breitete ich die Decke aus und ließ mich nieder. Meine nackten Zehen gruben sich in den Stoff. Bei der Kletterei über die Haustrümmer hatte ich mir das Schienbein aufgeschürft, und mein Kleid war feucht, wo das Blut in den Stoff sickerte.

Ich drehte den Campingkocher auf und stellte den Blechtopf über die blau züngelnden Flammen. Als ich den Tee aus der Thermosflasche in den Topf goss, sah ich, dass sich kleine matte Teiche auf der Oberfläche bildeten. Was mein Vater für eine Geschichte erzählt hätte, wenn er jetzt hier neben mir säße. Mit matten Augen, von Geschichten getrübt.

Mein Vater erzählte mir mehr als nur die Großvaterwelt der Fleischbäume. Er erzählte mir die Welt, und ich sog sie in mich ein wie ein Blatt Papier Farbe aufsaugt. Und die Seiten füllten sich. Jede Seite eine neue Welt. Über Fleischbäume und Winterkönige, Bernsteinmotten und Wölfe im Wald. Mein Vater war der Geschichtenerzähler, und die Sterne waren sein Publikum.

Das einzige Mal, dass er jemals wieder mit Kugel schoss, war am Tag vor Weihnachten. Die Baumstämme ragten schwarz aus dem Weiß der Felder, und mein Mantel leuchtete rot vor dem Schnee. Ich musste mir die Hände auf die Ohren pressen, damit ich nur nichts von dem Schalldruck abbekam, wenn mein Vater den Abzug drückte.

»Wenn du die Hände runternimmst, war das das letzte Mal«, sagte mein Vater, und ich wusste, er meinte es ernst. Ich hielt mir die Ohren zu.

Kalter Schnee rieselte über mein Gesicht.

Mein Vater schoss, die Kugel sah ich nicht, aber der Hase, der unter dem kahlen Buschwerk gehockt hatte, lag plötzlich ausgestreckt im Schnee. Blut tröpfelte aus seinem Bauch und fraß dunkle Löcher in die Schneedecke.

Auf dem Weg zurück trug ich den Hasen im Arm wie eine von meinen Puppen, früher, in der Zeit vor den Vaternächten, und er fühlte sich schon steif an unter seinem Fell. Aus dem Schornstein unseres Hauses zog dünner Rauch. Mein Vater nahm den Hasen und stapfte in seinen Schuppen. Ich ging durch die Hintertür nach drinnen, an meinen Fingern noch die Spuren von Blut. Ich wusch sie unter dem Wasserhahn an der Hauswand ab. Das Wasser war eiskalt.

Unten im Haus klirrten Fensterscherben. Ich hüllte mich tiefer in den Schlafsack und nahm den warmen Tee auf den Schoß, während ich wartete. Knarren auf den Treppenstufen. Mit unsicheren Schritten, ihr Gesicht blass und mürbe: meine Mutter. Ich drehte mich nicht um, aber ich wusste, dass sie es war. Im Wald das Rauschen der Bäume im Wind. Er trieb mir meine Haare ins Gesicht und den Lavendelduft meiner Mutter. Sie blieb neben mir stehen. Ich setzte das Fernglas an die Augen und zählte die Punkte der Sterne am Himmel.

»Es ist kalt hier draußen«, sagte meine Mutter. Dann war da das Rascheln von Stoff und die Schulter meiner Mutter an meiner Schulter, als sie sich neben mich auf die Decke setzte.

Ich ließ das Fernglas sinken. Meine Mutter sah mich nicht an, sie blickte auf den Wald. »Ist das seiner?« Ihre schmalen Finger berührten den Schlafsack an meiner Schulter.

Ich nickte stumm.

Meine Mutter nickte, stumm. Ihr Blick fiel auf den Blechtopf und ich glaube, da war ein Lächeln, als sie ihn erkannte. Ich hielt ihr den Tee hin, sie nahm ihn und hielt ihn fest. Ihre Hände zitterten. Schweigend saßen wir nebeneinander auf Großvaters Hundedecke, vor uns der Wald und über uns der Himmel und Vaters Geschichten.

DAS GLÜCK IST EIN VOGEL
Maja Loewe

Zwischen *Anne plus Murat gleich Love* und *I Herz You 4ever* glänzt ein grünweißer Vogelschiss. Die nächste Bank ist besetzt.

Verdammte Sonntage.

Ich stecke mir die letzte *Johnny Player* an und pflanze mich auf die gammeligen Insignien meiner Generation. Der Rauch schmeckt nach Blech. Tapfer rauche ich weiter. Über mir spuckt der Himmel eine wickblaue Böe in die Baumgerippe. Während das Nikotin durch meinen Kopf taumelt, löst sich ein rostiges Blatt und landet in der Vogelkacke.

Ich finde den Herbst nicht romantisch.

Wenn ich könnte, würde ich mit *Pattex* alle Blätter wieder ankleben. Ich will diese augenrollenden Erwachsenen nicht mehr sehen müssen, die einander an den Händen halten, und zwischen trockenen Küssen die dampfenden Haufen ihrer Berner Sennenhunde und Golden Retriever aus dem Laub kratzen. Meine Eltern tun nicht so, als würden sie sich lieben. Sie gehen nicht im Wald spazieren. Sie lassen sich scheiden.

Ein schwarzer Pudel zieht eine dauergewellte Oma hinter sich her, die mir einen Bist-du-nicht-zu-jung-zum-Rauchen-Blick schenkt. Aus schmalen Schlitzen schicke ich ihr einen Ich-töte-deinen-Pudel-Blick zurück. Ihr Mund pulsiert wie ein Anus, aber es kommen keine Worte heraus. Ich blase kleine Rauchwolken in ihre Richtung. Ihre fetten, fleckigen Beine münden direkt in den Schuhen. Die Oma zieht ein Taschentuch aus ihrer Handtasche.

»Scheißen alles voll, die Mistviecher«, zischt sie und verreibt den Fleck auf der Bank.

Sie setzt sich neben mich. Ihre Kopfhaut ist dünn wie Pergamentpapier.

»Kann ich mal an deiner Zigarette ziehen?«

Ich schaue auf die Glut, die sich gerade in das verschnörkelte *JPS* frisst. Was weiß die Alte schon, was ich anstellen musste, um an diese Schachtel zu kommen. Ich halte ihr die Zigarette hin. Mit der größten Selbstverständlichkeit greift sie danach und lässt diese in ihrem schrumpeligen Anusmund verschwinden. Sie beginnt zu dampfen wie eine Lok. Dabei kratzt der Pudel jaulend an ihren Wasserschlauchbeinen. Die Oma macht weiter bis es nach Plastik riecht. Schließlich fällt ihr der rohe abgerauchte Filter in den Schoß.

»Im Krieg hat meine Mutter dafür immer mit den Amerikanern gebumst. Sind bessere Zeiten jetzt.«

Was für eine dämliche Idee zum Rauchen in den Wald zu gehen.

»Sind immer viele Amerikaner gewesen bei uns Zuhause. Meine Mutter war Kettenraucherin.«

»Tschüss«, sage ich.

»Gehen wir zusammen ein Stück. Ich bin die Johanna.«

Schon hängt die perverse Oma mitsamt ihrem kläffendem Tier an mir dran.

Johanna ist gar nicht so übel. Am Waldkiosk kauft sie mir eine neue Schachtel *Johnny Player* und sich eine Flasche *Mariacron*.

»Komm mein Junge, jetzt tun wir uns ordentlich einen rein«, keucht sie in die Dämmerung. »Suchen wir uns ein gemütliches Plätzchen.«

Ich denke an die Klausur morgen.

Stochastik hab ich noch nie kapiert. Warum also lernen. Und Mama kommt erst heute Nacht wieder. Sie ist bei Angelika. Angelika heißt in Wirklichkeit Pushava und ist Yogalehrer. Pushava heißt in Wirklichkeit Bernd und verkauft Photovoltaikanlagen am Telefon. Er trägt violette Pumphosen und trainiert das Sexual-Chakra von Frauen in den Wechseljahren, bei Mama bevorzugt über Nacht.

»Klar«, sage ich und hake Johanna ein.

Auf dem Spielplatz hinter den kahlen Brombeerbüschen quetsche ich sie in ein Drehkarussell. Der Fahrradhelmvater mit Gesundheitsschuhen pfeift seine Kinder zusammen. Er ignoriert uns, selbst als Johanna mir die Flasche reicht.

»Arthritis«, sagt sie und zeigt mir die Baumwurzelhände.

Ich lasse den Schraubverschluss knacken und sie schlackert auffordernd mit dem Kinn.

Der Weinbrand frisst sich meine Speiseröhre hinunter bis in den Magen. Mir kommt augenblicklich die Kotze hoch.

»Gib mal her.« Johanna trinkt ohne abzusetzen.

Ihr Kropf fährt hoch und nieder.

Ich schlucke die Kotze wieder runter und zünde uns Eine an.

Die Zigarette schmeckt nach Freiheit.

Auch der nächste Schluck schmeckt besser.

Dann höre ich auf zu zählen.

Ein Schwarm Seligkeit breitet sich ganz langsam in meinem Körper aus.

Der Wind prallt einfach an mir ab.

Meine neue Bekanntschaft gefällt mir. Sie hat die Handtasche auf dem Rad in der Mitte des Karussells abgestellt. Mit der Kippe im Mundwinkel dreht sie daran und der Pudel springt fiepend um das Spielgerät herum. Ihre Omalocken treiben im Fahrtwind.

Wir drehen uns um Johannas Tasche, und die Welt dreht sich um uns.

Wir sind im Hier und Jetzt, in unserem eigenen Kosmos und lachen uns an.

Ist mir egal, dass meine Eltern mit meinem Herzen Squash spielen und sich keinen Punkt gönnen. Ist mir egal, dass Papa einen Anwalt eingeschaltet hat, damit er den *SL Roadster* behalten kann und nicht mich. Ist mir egal, dass Mama sich mit Bernd ins Nirwana vögelt, während ich eines von diesen wohlstandsverwahrlosten Kindern werde, das sich selbst verachtet.

Der Nektar der Genussmittelindustrie durchströmt mich. Ich besteige den Olymp.

Der Himmel ist schon ganz nah.

Wie ein Surfer stehe ich jetzt auf der Sitzfläche und breite die Arme aus.

»Ich bin der Wichser der Welt«, schreie ich hinaus in den menschenleeren Wald.

Dann fliege ich auf die Fresse. Meine Vorderzähne krachen auf die Eisenlehne, bevor die Fliehkraft mich endgültig kriegt und hinaus in den Dreck schleudert.

Kalte Erde schmiegt sich an meine Wange. Der Schmerz ist nur ein leises Echo seiner selbst.

Der Nektar macht mich unverwundbar.

Ich bin glücklich.

»Du musst ins Bett, Junge, verträgst ja nichts.«

Johanna schwebt über mir. Sie hält meinen Kopf in ihren großen Händen. Ein roter Funke Oktobersonne löst sich aus dem Sonnenuntergang. Ihr Haar leuchtet wie Erdbeerzuckerwatte.

Irgendwie schafft sie es, mich wieder auf die Beine zu stellen.

»Wo wohnst du?«

Ich öffne den Mund und ein Tsunami Erbrochenes flutet meine heilige Johanna mit dem Zuckerwattehaar. Vom Fuchspelz tropft es.

Der Abend ist aus Schiefer. Er hängt über der Vorstadtsilhouette mit ihren goldenen Fenstern, dahinter die glücklichen Sonntagsfamilien.

Die klare Luft treibt den Alkohol aus meinem Blut und mischt sich mit dem Klostein-Duft, den Johannas Erfrischungstuch auf meinem Gesicht hinterlassen hat.

Ich fahre über die scharfe Kante an meinem Schneidezahn, meine Lippen sind geschwollen.

»Sind da.«

Meine Worte klingen verschwommen.

Johanna lässt meinen Arm los. Aus ihren Lungen pfeift es.

Wir stehen vor der Pforte zum Einfamilienhaus. Die Fenster glänzen schwarz, Mamas *Beetle* steht nicht in der Einfahrt.

»Komm doch mit rein«, sage ich, »Du kannst dich waschen.«

Ihr Pelz sieht aus wie ein ausgeweidetes Tier.

Johannas Kopf bewegt sich vor und zurück. Ihr Gesicht liegt im Schatten.

Ich halte ihr das Tor auf.

Der Bewegungsmelder reagiert, als wir den Kiesweg betreten und rollt einen Teppich aus Licht im Vorgarten aus.

An der Haustür angekommen, zögert sie.

»Deine Eltern.«

»Nicht da.«

Sie scheint beruhigt.

Der Pudel stürmt als erster ins Haus. Als wir ins Wohnzimmer kommen, hüpft er bereits über das weiße *Rolf-Benz*-Sofa. Die Abdrücke seiner Pfötchen malen ein naturromantisches Muster aufs Leder.

Ich helfe Johanna aus dem Mantel und zeige ihr das Badezimmer.

»Nimm dir, was du brauchst«, sage ich

»Du könntest auch eine Dusche vertragen, mein Junge.«

Der Geruch von Magensäure und Weinbrand schwebt zwischen uns.

»Später«, sage ich und lasse sie allein.

Coldplay tropft aus den Lautsprecherboxen und hinterlässt auf dem Teppich eine Lache aus Banalitäten. Ich suhle mich darin. Über mir knallt der Kronleuchter hunderte Prismen in den Raum. Ich trinke 100-Euro-Grappa aus einer Teetasse und verschiebe meinen Kater auf später. Die Schmerzen auch. Der Hund reibt sein hässliches Schnäuzchen an meiner verdreckten Jeans und ich lasse ihn seine graue Zunge in meinen Grappa tauchen.

Plötzlich steht Johanna im Wohnzimmer. Sie trägt Mamas Bademantel. Kleine Regenbogentropfen tanzen auf dem Frotteestoff. Sie bewegt ihre Hüften zum Lied.

Ich springe auf und spiele den Gentleman. Führe sie zur Couch, schlage ihr ein Kissen auf. Wir sitzen dicht beieinander und ich reiche ihr die Goldrandtasse.

Sie schlürft den Grappa als wäre es ein erlesener Darjeeling, dann bleckt sie anerkennend ihre künstlichen Zähne.

»Ein standfester Bursche bist du! Ein Guter …«

Wir sitzen da, hören Musik und lachen, füllen unsere Tasse immer wieder auf.

Wir sitzen wieder in unserem Karussell.

Kreisen im eigenen Kosmos um uns selbst.

Sind uns Himmel und Planeten.

'Cause you're a sky, 'cause you're a sky full of stars, I'm gonna give you my heart …

Die CD ist zu Ende. Die Stille hört sich laut an.

Johanna ist das erste Mal ernst an diesem Tag.

»Weißt du, mein Junge, dass Beschissene am Altwerden ist nicht, dass du irgendwann aussiehst wie ein Bernhardiner oder dass du die Krankenkassenbeiträge in die Höhe treibst. Das wirklich Beschissene ist, dass du irgendwann begreifst, dass nichts Neues mehr kommt. Das es nie etwas Neues gegeben hat. Die Menschen treibt es immer wieder durch dieselben Spurrillen. Das Leben ist nur eine Kette von Wiederholungen.«

Sie macht eine Pause.

»Doch mit dir fühlt es sich neu an.«

Und plötzlich passiert etwas in meinem Herzen. Ich weiß nicht genau was, aber ich greife nach ihren riesigen knorrigen Füßen und lege sie in meinen Schoß.

Johanna stöhnt auf.

Sorgsam fahren meine Finger die blauen Mäander entlang, folgen den Biegungen und Gabelungen unter ihrer weißen Haut. Ich lasse mir Zeit.

Ihr Körper ist mein Atlas.

Ich will ihn bereisen.

Der Bademantel teilt sich ein Stück.

Ich greife zu. Ihre Waden liegen schwer in meinen Händen und ich knete sie wie Teig.

»Das ist besser als Bumsen«, kichert Johanna.

Ihr Kichern klingt jung.

Das Lächeln, das ich ihr schenke tut höllisch weh, aber es lohnt sich.

Ihre nebeligen Augen klaren auf und ihr Gesicht wird glatt und wunderschön.

»Das Glück ist ein Vogel, Junge. Es fliegt vorbei. Und manchmal kriegt man nur die Scheiße ab. Heute hat das verdammte Mistviech endlich mal einen Abstecher zu mir gemacht.«

Ich will, dass das *Mistviech* noch eine Weile bleibt.

Dann klackt das Türschloss.

Alles was bleibt ist ein grünweißer Vogelschiss.

SAMI BESCHLIESST ZU SCHWIMMEN
Kathrin Neuhaus

Obwohl der Weg nicht weit sei, fuhren sie mit dem Taxi. Das kam, weil Schnitzler keinen Führerschein hatte und ohne Führerschein fuhr hier keiner. Irgendeiner, die Stadt vielleicht, die sogenannte, die überhaupt alles bezahlte, was bezahlt werden musste, wenn man einen Anspruch hatte, zahlte ihnen das Taxi. Sami blickte aus dem Fenster. Schnitzler saß vorne vor ihm, neben dem Taxifahrer, der einen schwarzen Schnäuzer trug. Er war wohl auch fremd, aber anders, weniger eben, das zumindest schloss Sami aus seinem Augenzwinkern im Rückspiegel, an ihn, den Jungen auf der Rückbank gewandt.

Sie fuhren durch die Stadt, und was die Leute dort aus den Läden schleppten! Es lag am Advent, erklärte ihm Schnitzler. Weihnachten stand vor der Tür, und hier gab es das Christkind, die Kinder glaubten alle daran. Damit das so blieb, mussten die Erwachsenen so viele Geschenke aus den Geschäften holen. Und zu essen hatten alle genug. Sogar er und seine Mutter. Das war neu, aber dass sie kein Geld hatten, das war geblieben. Geld kam zögerlich und kleckerweise dank Schnitzlers Hilfe von der Stadt. Wenn man einen Anspruch hatte. Sami seufzte und lehnte sich in die knarzenden Lederpolster des Mercedes, unbemerkt von den beiden vor ihm. Vieles war merkwürdig, aber dass es ihm und seiner Mutter und den kleinen Schwestern nun gut ging, daran gab es keinen Zweifel. Sie alle hatten lange Zeit nicht so gut geschlafen. An manchen Abenden nickte er bereits ein, ohne kurz, bevor sein Bewusstsein endgültig ins wohlige Nichts zu fallen versprach, hellwach wieder hoch zu schrecken, ein großes Zucken im Körper und ein faustgroßes Angstloch im Herzen. Nichts dergleichen seit Wochen. Und jetzt, laut Schnitzler, die Krönung, das Allerbeste:

Frei-seit-fa-gnüng. »Heute machen wir etwas wirklich Tolles, Sami!«
Die dralle, kleine Frau auf dem Vordersitz drehte sich zu ihm um. »Ihr
habt auch Anspruch auf eine Freizeitvergnügung! Du wirst von den
Socken sein, versprochen!« Ohne Socken? Sami sah im Spiegel vorne,
dass der Taxifahrer eine Braue hochzog. Sami zwinkerte ihm zu. Ja, sie
war lustig, diese Schnitzler, immer erklärte sie ihm alles, und füllte er
die Lücken zwischen ihren Sätzen nicht schnell genug, sprach sie noch
schneller und mit größerer Dringlichkeit auf ihn ein. Fast, als müsse
sie sich bei ihm für etwas entschuldigen. Nur verstand Sami nie wofür.
Es lag ja auf der Hand, dass es an ihm war zu danken. Und so lernte er
als Erstes dies in der neuen Sprache: Dankeschön und vielen Dank,
ganz toll, wie lieb von Ihnen. Zugegeben, nicht immer verstand er
Schnitzler. Auch jetzt wusste er nicht, wohin sie an einem grauen, verregneten Dezembertag unterwegs waren. Er hatte überhaupt keine
Vorstellung, was Frei-seit-fa-gnüng war und warum er sich eine Üba-
raaaaaa-schung! verdient haben könnte. Er schloss nur aus Schnitzlers
aufgeregtem Gewackel auf dem rechten Vordersitz, an der ganzen Art,
wie sie auf die Fragen des Taxifahrers antwortete, dass etwas Aufregen-
des bevorstand. Sami mochte allerdings gar keine Überraschungen.
Das Beste war, wenn jeder Tag einfach als möglichst getreue Kopie seines Vorgängers kam und ging.

Sie fuhren am Fluss der Kleinstadt entlang, unter der Brücke zum
Burgberg her. In der Schule war er schon wieder, darum konnte es bei
dieser Freizeitvergnügung nicht gehen. In einer Auffangklasse lernte
er Deutsch fünf Tage die Woche. Abends, wenn die Schwestern auf den
Matratzen neben ihnen schliefen, las er mit der Mutter alte Bilderbü-
cher, die Schnitzler ihnen brachte. Es war die beste Art Deutsch zu lernen; begonnen hatten sie mit »Meine ersten Wörter« und »Mein erstes Lexikon«. Alberne Kleinkindbücher mit dicken Pappseiten. Wenn
wir dort beginnen, wo auch die Babys anfangen, dann werden wir
schnell weiterkommen, hatte seine Mutter gesagt. Trotzdem waren sie
noch immer bei den leichten Kindersätzen: Sarah will heute backen.
Leo spielt gern Ball. Sami ist ein Flüchtlingskind.

»Sami, Du wirst sehen, das wird ein Riesenspaß, Du lernst auch andere Kinder kennen.« Andere Kinder. Sami unterdrückte ein Seufzen, nickte gleichzeitig, für Schnitzler, die immer so nett zu ihm war und für ihn zuständig. Zumindest montags bis freitags von 8 bis 16 Uhr. Nur heute, sagte sie Sami, »da komm ich mit bis zum Ende, bis um 18 Uhr geht das, ist mir egal, dann mach ich das eben auf meine Kosten, sonst kommst Du ja nie zu Deinem Freizeitvergnügen!« Sami sagte brav danke, und das brachte ein Lächeln auf Schnitzlers Gesicht, ganz zufrieden sah sie auf einmal aus, für ein paar Sekunden schaute sie ihn stumm und selig an. Dann klingelte ihr Handy.

Ein großes Glasgebäude und zwei Parkplätze zu beiden Seiten kamen in Sichtweite. Auf Schnitzlers ruppige Anweisung hin fuhr der Taxifahrer auf den Parkplatz direkt vor dem Glasgebäude. »Direkt vor die Tür, bei dem Wetter setzt man ja normal keinen Hund vor die Tür!«, befahl sie. Der Mann verdrehte die Augen. Sami musste grinsen, war dann aber abgelenkt von einem großen orangefarbenen Schlauch, meterbreit, der sich vom Dach des Glasgebäudes in abfallenden Drehungen herab schlängelte, um kurz vor dem Boden wieder im Inneren des Gebäudes zu verschwinden. Was mochte das sein? War dies eine Fabrik und wenn ja, was wurde hier hergestellt? Sami dachte kurz darüber nach, ob Schnitzler ihn arbeiten schicken wollte in der gläsernen Fabrik. Es wäre nicht allzu schlimm für ihn; er wunderte sich nur, weil man ihm vor Kurzem noch erklärt hatte, dass die Kinder in Deutschland in die Schule gingen und sonst nichts.

Dann standen sie vor einer großen Eingangstür, der Taxifahrer schon weg, Schnitzler hatte soeben noch eine große blaue Tasche aus dem Kofferraum holen können, die nun über ihrer Schulter hing. Sofort stach ihm der Geruch in die Nase. Auf seine durchdringende, chemische Art ein Geruch, den er nicht benennen konnte und dennoch kannte, von den öffentlichen Toiletten und Waschanlagen, durch die er auf seiner langen Reise hierher gekommen war. Er hasste den Geruch.

Die Tür öffnete sich und heraus kam eine große, blonde Frau, mit einem absurd breiten Lächeln im Gesicht. Sie zog die beiden in eine Art gläserne Empfangshalle hinein. Sie reichte Schnitzler die Hand, ein für ihn unverständlicher Austausch von Sätzen erfolgte, die Tasche wurde von einer zur anderen Frau gereicht, und dann kam noch ein schlaksiger Mann mit einem riesigen Fotoapparat hinzu. Im Hintergrund standen junge Erwachsene in roten T-Shirts so wie die große Frau auch eines trug. Sami stand still und geduldig und legte sich seinen Vorstellungssatz zurecht: Mein Name ist Sami, ich bin elf Jahre alt und mit meiner Familie aus Syrien gekommen.

Die fremde Frau kniete sich zu ihm herab, und das war doch sehr merkwürdig, weil er selbst schon so groß war, und die Große nunmehr um einen halben Kopf überragte. Auf ihrem roten T-Shirt standen in Brusthöhe die Buchstaben DLRG. Alle um ihn herum starrten ihn unverwandt an, sobald sie aber ihrerseits seinen Blick bemerkten, setzten sie ein breites Lächeln auf. Sami fing an zu schwitzen, denn es war fürchterlich warm an diesem Ort, und dann kam auch langsam die Angst hoch. Er tastete nach Schnitzlers Hand hinter sich, die es nicht zu bemerken schien und unentwegt auf den Mann mit dem großen Fotoapparat einredete, der eifrig die Sachen in einen Notizblock schrieb, die Schnitzler ihm erzählte. Mit einem Ächzen stand die Große wieder auf und beugte nun ihr Hinterteil gerade so weit nach hinten, dass sie sich mit Sami auf Augenhöhe befand. Er wünschte sich, dass sie etwas mehr Abstand halten würde. Möglichst unauffällig versuchte er sich in der schwarz gekachelten Eingangshalle des Glasgebäudes umzusehen, um mehr über den komisch riechenden, heißen Ort herauszufinden, aber es stand einfach ein zu großer Kreis von ihn überragenden Menschen herum. Was sollte er bloß hier? Was wollten alle von ihm? Stimmen prasselten auf ihn ein, und die Worte, die von diesen Stimmen kamen, prallten von ihm ab und fielen von der hohen Decke wieder auf ihn herab, ohne den geringsten Sinn zu ergeben. Die Große rückte ihm noch näher auf die Pelle. Sie heiße Sabine. Da sagte Sami seinen Satz auf. Sie lächelte breit. Ob er sich freue, wollte sie von ihm wissen, und ob es wirklich das erste Mal für ihn sei. Da lächelte Sami noch breiter, aus Erleichterung, dass er endlich etwas verstanden hatte. Der Mann mit dem Fotoapparat sagte, sie sollten zusammenrücken und alle so bleiben, denn er müsse diesen Augenblick festhalten.

Es blitzte um ihn herum. Die fremde Frau überreichte Sami die blaue Tasche, die Schnitzler gerade noch gehalten hatte. Dieses Geschenk sei für ihn, vom DLRG und vom örtlichen Familienwerk für Flüchtlingsintegration, und was darin sei, dürfe er behalten. Das Hauptgeschenk aber sei ein Kursus, und dafür würde der DLRG die Kosten gerne übernehmen. Die Sabine-Frau lächelte den Mann mit dem Fotoapparat und Notizblock gewinnend an. Sami blickte verständnislos und ängstlich in Schnitzlers Gesicht. Die nickte. »Mach die Tasche auf, Sami!«, sagte sie. Mit zitternden Fingern nestelte Sami am Reißverschluss. Er klemmte kurz, öffnete sich dann. Sami erwog, seinen Kopf in die Tasche zu stecken. So wie er sich als kleines Kind ungesehen geglaubt hatte, wenn er sein Gesicht mit den Händen verbarg. Statt dessen zog er ein Handtuch, groß und rot, aus der Tasche. Und es war noch ein Duschgel darin. Und dann: Eine Badehose.

Sami verstand.

»So viele Stunden Schwimmkursus, wie Du brauchst, mein Junge!«, rief die fremde Frau, die Sabine hieß. Um ihn herum nur erwartungsvolle Gesichter.

»Ich kann nix, kann ich nix ...«, presste Sami hervor. Panik im Hals. Wasser. Vor Lampedusa die Wellen das Meer die Kälte der Vater das Baby im Arm.

»Was kannst Du nicht?«, fragte die fremde Sabine freundlich. »Schwimmen? Du lernst es hier bei uns. Versprochen!«

»Nein!«, rief Sami, aber kein Laut kam heraus; er schluchzte, aber in seiner Kehle erstickte das Wasser auch diese Laute, das salzige Wasser, überm Vater, überm Bruder, über ihm. Bloß nicht, bitte nicht, nie wieder ins Wasser!

Der Mann mit der Kamera packte zusammen. »Sag danke, Sami!«, zischte Schnitzler ihm zu.

»Bitte vastähn, ich kann doch nix ... nicht Wasser!«, gelang es ihm zu sagen. Die fremde Sabine, groß, praktisch und blond, wollte nun aufbrechen. Die Übergabe war beendet. »Du kommst jetzt mit, Junge, dich umziehen. Keine Angst, wir bringen dir das Schwimmen bei. Und jetzt ab!«

Ihr ausgestreckter Arm wies einen langen Gang zur Rechten herab. Duldete keinen Widerspruch.

Sami blickte die verbliebenen Menschen um sich an. Schnitzler, die verstohlen auf ihr Handy schaute, Sabine, die Schwimmtrainerin, und noch ein Mann in weißen Schlappen, Shorts und T-Shirt. Der nickte ihm aufmunternd zu: »Junge, ich bin der Bademeister. Du wirst uns schon nicht ertrinken, ich pass auf Dich auf.« Die Erwachsenen lachten. Sami blickte in ihre Gesichter, auf seine Schuhspitzen, den Gang hinunter. Er wusste, auch diesmal gab es kein Entkommen. Er würde also schwimmen lernen. Sami murmelte ein leises »Danke!«, klemmte sich seine Tasche unter den Arm und ging, schmale, lange Gestalt, den Gang zu den Kabinen hinab, einen Fuß vor den anderen setzend.

ALS VATER AUF DER STRASSE LAG
Laura Elisa Nunziante

Mama hat die letzten Tage viel geweint, weil Hilya die Augen nicht mehr öffnet. Verklebt waren ihre Augen, geweint hat Mama, so laut, dass ihr ein Mann mit dem Schuh auf den Kopf geschlagen hat. Ich war direkt aufgesprungen.

»Lass ihn, er kann doch nichts dafür«, hatte Mama gesagt.

»Er kann nichts dafür, dass er dir einen Schuh auf den Kopf schlägt?«

»Du kennst seine Gründe nicht.«

Wenn Mama etwas zu mir sagt, dann schaut sie auf den Boden, auf Bäume, Geschäfte. Überall hin, nur nicht zu mir. Ihre Augäpfel tanzen wie die einer Irren, sie wandeln sich im Licht, werden dunkler; von tiefen Schatten aus ihren Höhlen getragen.

Ich habe schon lange kein Geschäft mehr gesehen. Aber Bäume lassen sich nicht kampflos zu Boden reißen. Vielleicht würde ich mich auch nicht vertreiben lassen, wenn ich über Jahrhunderte auf dem gleichen Platz gestanden hätte. Aber ich bin kein Baum und die Bilder von Bäumen und Geschäften sind längst vergessen.

Es riecht nach altem Gummi. Wie nach den Kondomen, die wir vor Wochen in den Seitengassen sammelten, um sie von der großen Brücke zu werfen. Dass wir sie selbst vorher angefasst hatten, ist uns damals nicht aufgefallen. Wir hatten uns überlegen gefühlt, das zählte. Wochenlang sind wir in der Straße herumgestreunt, um Kondome von der großen Brücke zu werfen. Das war wirklich alles, was zählte.

Säure steigt mir in den Rachen, wenn ich an die Bilder von früher denke, aber in den letzten Tagen, seit wir hier sind, habe ich mich dieser nicht entledigen können. Auch nicht, als ich meine Hand als Schaufel über das Meer gehalten habe, so dass die Sonne in einem spitzen Winkel darauf schien; auch nicht, als ich mir in Eile Wasser in den Hals gekippt, und Mama es mir im selben Moment aus der Hand geschlagen hatte.

»Was hat dir dein Vater beigebracht? Hast du denn gar nichts von ihm gelernt?«

Und dann hat Mama geweint, so wie in den letzten Tagen auch. »Verzweiflung darf uns nicht zu Tieren machen!« Den Kopf hatte sie geschüttelt im gegensätzlichen Takt zum Meer. »Das hat dir dein Vater doch wenigstens gesagt?«

Ich dachte nicht gerne an ihn. Er war ein Tyrann, ich ertrug es nicht für den Menschen zu weinen, der Chichu in einer Regentonne ertränkt hatte. Die Tränen meiner Mutter stachelten mich an. Trauer war zu viel von mir verlangt. Ich war fertig mit meinem Vater.

»Warum gibst du Chichu nicht einfach zu Tante Ruth?«, hatte ich ihn angefleht.

Er hatte den Hund am Halsband gepackt und hielt ihn so knapp über der Regentonne, dass er kaum Luft bekam. Seine Augen waren von mir weggedreht, zum Himmel. Aber Vater wollte nicht, dass Nachbarn oder die Familie mitbekamen, dass auch er langsam schwach wurde. Lieber wurde er als der Mann bekannt, der einen Hund qualvoll hat sterben lassen, als der, der einen nicht durchfüttern konnte.

»Der Köter hat doch hier kein Leben«, sagte er mit der Vernunft eines Märtyrers, der meinte, die Menschheit durch einen Genozid von Überbevölkerung befreien zu können.

»Dann erschieß ihn wenigstens! Wieso willst du ihn so qualvoll ertränken?«

Ich hatte dem Scharfrichter eine Alternative zum Tod meines engsten Freundes geboten.

»Lass die Verzweiflung dich nicht zu einem Tier machen«, das hatte meine Mutter gesagt.

Ich musste alles mit ansehen.

Und nachts schossen sie über unser Haus. Jeden Abend bangte meine Mutter, ob ihre Kinder es nach Hause schaffen würden. Hilya und ich mussten mit den Nachbarskindern übers Fenster kommunizieren. Einen Schutzkeller hatten wir nicht. Mein Vater hatte damit begonnen, ein Loch neben unserem Haus auszugraben. Nach zwölf Stunden gab er auf. Den Nachbarn erzählte er, wir hätten Angst gehabt uns darin einzubuddeln. Ein Schutzkeller sei sowieso ein Luxus, den sie uns nicht gönnen würden.

Wir machten die abrupten Geräusche der Maschinengewehre nach, wenn wir über die Fenster miteinander sprachen. Das alles war noch lustig, bis sie meinen Vater auf der Straße fanden.

»Hol deine Mutter«, fuhr mich ein älterer Herr mit einem Stock in der Hand an. Er duldete nicht, dass ich zu meinem Vater herantrat. Aber er überschätzte meine Trauer, mich interessierte das alles nicht. Ich ließ meine Mutter mit seinem Körper alleine.

Die Männer aus der Nachbarschaft waren diejenigen, die ihre Hände auf sie legten; überall ihre schmutzigen Finger auf ihrer Kleidung und in ihrem Gesicht. Aus Prinzip hätte meine Hand auf ihrer Schulter liegen müssen. So wäre ich meinem Vater aber zu nahe gekommen, hätte auf ihn gespuckt. Wäre das meiner Mutter gegenüber fair gewesen?

Sie hatte ihn schon gekannt, als er ihr auf einer Bootsfahrt ein Lied auf der Mundharmonika vorgespielt hatte. Geliebt hatte sie ihn erst, als er sie aus ihrer Familie in Damaskus holte, nur um ihr ein eigenes Zuhause zu bieten. Die Dankbarkeit überschattet in ihr das Bild des Menschen, der meine Schwester daran gehindert hatte ins Krankenhaus zu gehen.

»Eines Tages richtet Gott uns alle«, das hatte er feierlich verkündet, als Hilya vor unseren Augen verblutet war.

Ich hatte gehofft, dass Gott im Falle meines Vaters seinen Pflichten sehr schnell nachkommen würde.

Ein großer Schwarzer sagt uns jetzt, dass wir die Plätze tauschen sollen mit einem Mann, dessen Hemd ertränkt ist in Erbrochenem. Wir stehen auf und setzen uns neben eine andere Familie. Ich kann meine Beine nicht ausstrecken. Mein Hemd habe ich ausgezogen und als Schutz auf die Schultern gelegt, so dass die Sonne nur auf mein Becken strahlt. Ich rieche Schweiß, kann ihn aber nicht von meinem eigenen unterscheiden. Neben uns ist Wasser, aber wir stinken wie Straßenhunde, wie Bettler, die ihren Harndrang nicht unter Kontrolle haben. Ich kann mich nicht befreien, auch als ich höre, wie der sich ständig erbrechende Mann über Bord gehen will, weil er seit vierundzwanzig Stunden nicht geschlafen hat. Aufgeregtes Schreien, ein Kind weint, das Boot wackelt. Der Mann wird aufgehalten, um sich wieder auf einem Helfenden zu erbrechen. Es kommt nur noch gelbe Flüssigkeit, aber sie riecht scharf, beinahe wie ein Stück Rindfleisch, das fünf Tage in der Sonne gelegen hat.

Meine Mutter betet. Sie richtet den Kopf auf ihren Schoß. Zwei Frauen schließen sich ihr an und ich beobachte ihre gesenkten Häupter, die durch die Bewegungen ihrer Stimmbänder vibrieren. Ich kenne die Frauen nicht, aber wir haben die Grenzen zu anderen Menschen aufgegeben. Uns fehlen die Wände, um unseren Raum zu verteidigen.

Der große Schwarze sagt, sobald wir nach ihm gefragt werden, sollen wir nach unten schauen. Ansonsten würde er uns wieder mit zurücknehmen. Wir alle wissen, dass das nicht stimmt, aber wir wissen auch, dass wir ihm viel zu verdanken haben. Wir protestieren nicht. Zurückgehen, das ist schlicht undenkbar. Was wartet dort auf uns?

Ein Haus aus schwimmendem Lehm; ein Hund in einer Regentonne; eine Schwester, die auf einem Hügel liegt, aus dem nichts wachsen will. Egal, wie viel ich auf dem Hügel eingepflanzt hatte, Hilya wollte einfach nicht mehr wachsen. Bis zum Schluss ein Sturkopf.

Der Schwarze redet weiter, aber ich konzentriere mich auf die Bewegungen des Meeres. Erbrechen wäre eine Erleichterung, aber da ist nichts im Magen, was ich von mir abstoßen könnte. Nichts, außer den Erinnerungen.

Sie haben angefangen uns zu jagen. So wie vor vierzig Jahren. Zumindest hat meine Mutter mir davon erzählt, weil ich noch nicht geboren war, aber es ist genauso passiert und meine Mutter hat mich dieses Mal mitgenommen. Sie hat ihren Glauben gebrochen. Aber sie betet, unentwegt. Ich will zurück, weil niemand die Regentonne ausgeleert hat. Weil Chichu verrottet, während wir auf einem Schiff verrotten.

Neben uns will sich jemand hinlegen, aber er bekommt gleich einen Schuh auf den Kopf gedonnert. Der Schuh-Mann trägt ein Jackett und eine Baskenmütze. Ein paar von uns müssen grinsen, und er selbst muss grinsen, weil stinkendes Leder ein absurdes Mittel ist, um jemanden zur Ordnung zu rufen. Er gluckst auf, zieht seinen Schuh wieder an, lauert aber gleichwohl auf die nächste Gelegenheit, bei der dieser zum Einsatz kommen könnte. Es scheint mir, als wolle er für irgendetwas im Leben stehen, auch wenn es nur dafür ist, der Mann zu sein, der allen mit einem Schuh auf den Kopf geschlagen hat.

Die Sonne liegt auf meinem Nacken. Ich weiß nicht, wie meine Mutter es unter ihrem schwarzen Kleid aushält.

»Die Wege der Trauer sind lang. Sie hören ganz bestimmt nicht aus Bequemlichkeit auf«, das hatte sie bei unserer Abfahrt zu mir gesagt.

Ich glaube, dass meine Mutter meinen Vater schon lange nicht mehr geliebt hat. Weil sie immer noch davon redet, wie er ihr vor dreißig Jahren auf dem See ein einziges Mal ein Lied vorgespielt hat. Das war die eine Geschichte, die wir kannten, weil es danach nichts mehr zwischen den beiden gegeben hatte, das einer Erinnerung wert gewesen wäre.

Wie gerne hätte ich mit meiner Schwester auf einem Teppich gesessen und meinen Eltern dabei zugehört, wie sie von Reisen in fremden Ländern erzählten. Wie sie sich gegenseitig neckten, weil Vater vielleicht eine Rechnung im Restaurant nicht gezahlt hatte. Oder wie ihr Bus mitten in der Wüste stehen geblieben war und sie dort drei Tage nur von Liebe und Brot hatten leben müssen.

»Bitte, bitte, erzähl uns noch etwas vor dem Einschlafen.« So hatten wir oft an Vaters Beinen gehangen.

»Ich rede doch nicht mit meinen Kindern über das Leben«, hatte er geantwortet. »Da kann ich gleich mit Chichu Zigarre rauchen.«

Vater war in den letzten Monaten nicht mehr nach Hause gekommen. Das einzige Mal, dass Mama für ihn betete, war, als er am Morgen auf der Straße lag. Weil es ist ein Verderben, wenn ein Mensch nach langer Krankheit stirbt, und eine Grausamkeit, wenn er aus dem Leben geschossen wird.

Das Boot wird langsamer. Wir halten uns aneinander fest. Diejenigen, die in der Mitte sitzen, greifen das Kleid des Nächsten. Ich mache mit, weil ich ein wenig Angst vor dem Mann mit dem Schuh habe. Ich glaube, er hat seinen Verstand verloren. Wir sollen aufstehen und nach rechts gucken, sagt der große Schwarze. Einige von uns jubeln und klatschen, als sie die großen Zäune sehen. Sie klatschen so wie in der Nacht der Waffenruhe, als wir es beinahe zu etwas gebracht hätten. Als die Welt auf uns geschaut hat und selbst das ist eine Erinnerung, die ich mir von meiner Mutter leihen muss.

Wir haben nicht viel erlebt in den letzten Jahren; nichts, das wir unser Eigen nennen dürfen, außer die Sache mit den Kondomen, die wir von der Brücke warfen.

Kurz bevor wir anlegen, haut mir der Mann den Schuh liebevoll auf den Kopf, weil er glücklich ist, aber wahrscheinlich auch, weil er sagen will, »Vergiss mich bloß nicht!«

Die Männer richten ihre Waffen auf uns. Ich lache den Schuh-Mann an, wir haben Tage hinter uns, die keinen in unserem Leben gleichen. Ich schüttle energisch seine Hand, weil er mir am nächsten sitzt.

Der Schwarze verschwindet unter Deck, was wir alle erstaunlich finden, weil da wohl noch Platz für dreißig mehr von uns gewesen wäre und darüber fangen wir eine Diskussion an, bis ein Schuss abgefeuert wird. Wir reden weiter. Mit Schüssen sind wir jeden Abend ins Bett gegangen und jeden Morgen aufgestanden, und manchmal traf einer unseren Vater oder unsere Geschwister. Warum sollten wir uns jetzt davon einschüchtern lassen? Ein Baum lässt sich nicht von Bomben aus dem Boden reißen.

Mama betet. Sie nimmt die beiden Frauen an die Hand. Wenn ich nicht so wahnsinnig hungrig und müde wäre, hätte ich wohl laut losgelacht, weil alles so absurd ist.

Wir kümmern uns nicht um die Warnschüsse. Wenn sie uns jetzt erschießen würden: Wir hätten es dennoch geschafft. So als würden wir uns auf ein Bahngleis schmeißen, um für das Recht des Bahnfahrens zu demonstrieren. Wir sind das Volk, das das Meer hinter sich gelassen hat.

Sie ziehen uns aufs Land, aber ich drehe mich ständig zu meiner Mutter um. Ich habe Angst, dass sie sie mit Gewalt berühren. Das würde ich nicht ertragen, diesen Anblick. Ein geliebter Mensch, der von Fremden angefasst wird, das würde ich nicht noch ein Mal ertragen.

An Land folgen wir den Männern in den Uniformen. Wir laufen an einem Zaun vorbei, an dem Kameras angebracht sind. Ich spüre den Impuls hochzuschauen und die Zunge rauszustrecken. Eigenartig jetzt so unter Beobachtung zu stehen, wo sich doch bis heute niemand darum geschert hat, was mit uns passiert.

»Wo ist der Mann mit dem Schuh?«, rufe ich.

Die Männer mit den Waffen verstehen uns nicht.

»Wo ist der Schuh-Mann, hä?«, wiederhole ich.

»Ja genau, wo ist dieser Bastard, wenn man ihn braucht?«, sagt einer mit einem langen Bart.

Wir lachen und ich will gar nicht mehr aufhören, weil es so gut tut.

Und vorne wartet das Tor zur Freiheit. Dieses schillernde, goldbehangene Tor: das Damaskus der Gläubigen. Nicht die erste Wahl, aber immerhin eine solide dritte.

Freiheit ist ein Umstand, den mein Vater sein ganzes Leben vergeblich gesucht hat; da wartet sie also auf mich, nur dass das Tor verschlossen ist und wir ohne Begleitung nicht eintreten dürfen.

Ich will meiner Mutter antworten: »Du hast gefragt, was ich von Vater gelernt habe? Wem hast du es zu verdanken, dass wir hier sind? Ich sage dir: Ich bin in diesem Moment über ihn hinausgewachsen.«

Aber wahrscheinlich werde ich diese Sätze nie von mir geben. Es ist nicht richtig, sich über Ältere zu erheben. Aber ich habe mir rein gar nichts vorzuwerfen: Wer außer mir wird sich an Chichu und Hilya erinnern?

Eine Frau mit einer Schutzweste nimmt meine Mutter in den Arm, so wie ich es hätte tun sollen, als Vater auf der Straße lag. Ich achte darauf, dass ich nicht über meinen Vordermann stolpere. Ich muss weitergehen. Einfach weitergehen.

BLEIGIESSEN
Ronya Othmann

Sonntagabend. Wir sitzen vor dem Fernseher. Montagabend. Wir sitzen vor dem Fernseher. Dienstagabend. Wir sitzen. Wir. Ich. Mutter. Vater. Bruder. Schwester. Rizgar sitzt nicht vor dem Fernseher.

Der Nachrichtensprecher spricht. Er hat eine Stimme wie ein Automat. Der Nachrichtensprecher hat gelernt so zu sprechen. Der Text läuft über ein Band. Der Nachrichtensprecher liest ab. Aus seinem Mund kommt ein Textband. Der Nachrichtensprecher beantwortet unsere Frage nicht. Er weiß von der Frage nicht, die unter unseren Zungen liegt. Der Nachrichtensprecher wünscht uns einen guten Abend und verabschiedet sich.

Vater schaltet um. Wir haben eine Satellitenschüssel auf dem Balkon. Wir hören die Abendnachrichten in vier verschiedenen Sprachen.

Es ist Sonntagabend. Wir warten.

In der Nacht hat es geschneit. Still und heimlich. Wir haben davon nichts bemerkt, weil der Schnee lautlos fällt. Unter der Zunge liegt mir beim Aufwachen die Angst. Dass es genauso geschehen könnte wie der Schnee, still und heimlich, ohne dass wir etwas davon mitbekommen.

Nach dem Frühstück ziehe ich mir Jacke und Schuhe an und verlasse die Wohnung.

Die Straße ist leer. In einem Hinterhof spielen Kinder. Ich kann sie nicht sehen, aber ich höre sie schreien. Ihre Schreie hallen an den Hauswänden wider. Ich gehe die Straße hinunter. Der Schnee unter meinen Schuhen ist nass. Meine Schritte verursachen ein schmatzendes Geräusch.

Ich denke an den Morgen und an Schnee und versuche nicht an Hinterhöfe zu denken und an große Eisentüren. Auch nicht an die Schreie der Kinder.

Ich laufe durch die Siedlung. Weihnachtsbäume stehen draußen neben den Mülltonnen, warten auf Abholung. Sie sind ausgetrocknet von den Tagen in der warmen Wohnzimmerluft und verlieren ihre Nadeln.

In den Fenstern brennt Licht, obwohl es erst Vormittag ist. Aber es ist nicht wirklich hell geworden an diesem Tag. Die Wolkendecke ist dick und lässt kaum Licht durch.

Ich laufe durch die Kleingartenkolonie am Stadtrand. Ich sehe Rosenbögen, verschneite Gemüsebeete, Gartenzwerge und Vögel suchen nach Nahrung in den menschenleeren Gärten.

Ich denke, ich wäre gerne ein Garten. Ich wäre gerne ein Garten mit Zaun.

Als ich zurückkomme, sitzt Mutter am Küchentisch und schält Kartoffeln. Vater sitzt neben ihr und schneidet Zwiebeln. Der Atem der Zwiebeln ist beißend. Von den Zwiebeln haben Mutter und Vater Tränen in den Augen.

Auf dem Küchentisch liegt das Telefon. Das Telefon schweigt.

Schwester sitzt im Wohnzimmer und schreibt auf kleine Karteikarten.

Bruder ist nicht zu Hause. Bruder ist bei Freunden, antwortet Mutter auf meine Nachfrage.

Beim Mittagessen klagt Schwester darüber, dass sie so viel zu lernen hat, für die Prüfungen, und dass nach den Weihnachtsferien ja die Prüfungszeit beginne und dann verstummt sie mitten im Satz und niemand stört sich daran.

Mutter fängt an von der Arbeit zu erzählen, und Vater verlässt die Küche, und ich helfe den Tisch abzuräumen, und dann klingelt das Telefon, und ich lasse den Teller nicht fallen, den ich in der Hand halte, und Mutter stößt keinen spitzen Schrei aus. Mutter geht an das Telefon. Sie sagt, es ist die Tante und ich verlasse die Küche.

Ich laufe durch die Wohnung auf der Suche nach Beschäftigung. Ich fange an, das Badezimmer zu putzen. Ich putze Duschwanne, Toilette, beim Waschbecken höre ich auf, und setze mich an den Computer. Ich schreibe ein paar E-Mails, ich beantworte verspätete Weihnachtsgrüße, ich sage bei einer Silvesterparty zu, bei alten Freunden, die ich schon lange nicht mehr gesehen habe.

Am Nachmittag fahren Schwester und ich in die Stadt. Sie bracht neue Winterschuhe. Wir laufen durch die Fußgängerzone. In den Geschäften hängen sie den Weihnachtsschmuck ab.

Wir gehen in vier verschiedene Schuhgeschäfte und Schwester probiert Schuhe an.

Die sind gut, sage ich oder, nimm doch eine Nummer größer.

Zu teuer, sagt sie oder, mir gefällt die Farbe nicht.

Den Verkäuferinnen, die uns beraten wollen, sage ich, danke, wir kommen zurecht. Nach dem vierten Schuhgeschäft sind wir erschöpft und fahren wieder zurück.

Wir haben Şirvan erreicht, sagt Mutter, als wir zurückkommen. Und, frage ich. Nichts, sagt sie, nur sieben Tage Stromausfall.

Mir liegt ein Satz unter meiner Zunge. Dass der Strom stumm ist, wie der Schnee. Ich schweige diesen Satz. Und am Abend sitzen wir wieder vor dem Fernseher und warten auf gute Nachrichten.

Im Wohnzimmer neben der Tür hängt ein Foto von mir und Rizgar. Es ist lange her, ich glaube es war in einem der Sommer um die Jahrhundertwende. Wir waren noch Kinder. Ich kann mich nicht mehr an den Tag erinnern, an dem das Foto aufgenommen wurde. Aber ich weiß, dass es Sommer war, denn auf dem Foto tragen wir beide T-Shirts. Ich kann mich aber noch an die Steinschleuder erinnern, die er in der rechten Hand hält. Ich habe ihn für die Steinschleuder immer sehr bewundert. Mit der Steinschleuder hat er versucht die Vögel von den Bäumen zu schießen, aber die Vögel waren immer schneller und er hat sie nie erwischt.

Manchmal, wenn ich das Foto sehe, denke ich, dass Rizgar ein Vogel ist, den man vom Baum geschossen hat.

Rizgar ist mein Cousin und nur zwei Jahre älter als ich. Damals war er der große Bruder, den ich nie hatte. Unsere Großeltern haben sich gewünscht, dass wir eines Tages heiraten.

Später als wir älter wurden, haben wir das Interesse aneinander verloren.

Silvester verbringe ich bei Freunden. Es gibt Raclette. Der Tisch ist schön gedeckt. Auf ihm stehen Schälchen mit Fleisch, Paprika, Essiggurken, Brot und Käse. Zum Nachtisch gibt es Kuchen. Wir essen. Im Hintergrund läuft Musik. Wir haben das Licht ausgeschaltet, und Kerzen angezündet. Die Freunde erzählen Neuigkeiten aus ihren Leben, ich erzähle, dass ich bald fertig bin mit dem Studium und dass mir die Stadt gefalle, in der ich wohne. Ich fürchte die anderen zu langweilen, also beende ich die Erzählung.

Eine Freundin erzählt von ihrer Beziehungskrise. Ich suche nach tröstenden Worten, aber mir fällt nichts ein, auch keine klugen Ratschläge. Ich habe ein schlechtes Gewissen.

Wir gießen Blei, obwohl es albern ist. Wir versuchen die Schatten zu deuten und die Form. Ich halte meinen Bleiklumpen in der Hand und will nicht hinsehen.

Ich habe Angst, vor dem, was es zu bedeuten hat, das Blei. Ich bin abergläubisch geworden die letzten Wochen. Ich trete nicht mehr auf die Fugen zwischen den großen Pflastersteinen auf den Gehwegen, gehe unter keiner Leiter mehr hindurch und versuche mich an die Zahl drei zu halten.

Wir trinken Bier. Wir stoßen an. Es wird spät. Ich trinke viel, damit ich das große Knallen ertrage.

Nach Silvester geht Mutter wieder arbeiten. Vater hat noch eine Woche frei. Er sitzt vor dem Fernseher und manchmal telefoniert er mit Şirvan, wenn nicht gerade Stromausfall ist.

In der Wohnung ist eine trockene Heizungsluft. Schwester und ich sitzen am Küchentisch. Schwester schreibt auf kleine Karteikarten. Schwester lernt. Sie sagt die Dinge, die sie auf die Karteikarten schreibt halblaut vor sich hin. Das Murmeln der Schwester macht mich nervös. Ich frage mich, wie sie überhaupt noch lernen kann, mit der Angst unter der Zunge. Mich macht die Angst dumm.

Ich blättere durch die Werbekataloge auf dem Fensterbrett. Ich stelle mir vor, was ich mir alles kaufen könnte, wenn ich reich wäre. Aber eigentlich ist es auch egal, was würde das nützen.

Ich überlege, ein paar Tage früher abzureisen, weil es ohnehin keinen Unterschied macht.

Ich verlasse die Küche. Wenn ich meine Schwester so fleißig lernen sehe, bekomme ich ein schlechtes Gewissen. Ich hätte selbst genug zu tun. Ich sage mir, wenn das so weiter geht, kann ich mein Studium nicht abschließen, ich werde es hinschmeißen. Ich werde eine Arbeit machen, bei der man nicht denken muss. Ich werde in einer Fabrik Dinge verschrauben. Mein Kopf ist zu nichts mehr zu gebrauchen. Und dann sage ich mir, dass es egal ist.

Ich sitze mit Vater im Wohnzimmer. Wir essen Nüsse. Der Fernseher ist angeschaltet. Wir verbringen den Nachmittag vor dem Fernseher. Früher habe ich mir oft vorgestellt, dass die Augen schlechter werden, wenn man zu lange vor dem Fernseher sitzt, wenn man zu viel gesehen hat. Aber das stimmt nicht. Meine Augen sehen immer noch so scharf wie am ersten Tag. Der Kopf ist es, der nicht mehr mitkommt. Der die Bilder nicht mehr einordnen kann.

Vater und ich sitzen vor dem Fernseher und schweigen. Uns liegt das Blei unter der Zunge.

Als Şirvan am Telefon *Military Intelligence Branch* sagte, fiel Vater das Telefon nicht aus der Hand und Mutter stieß keinen spitzen Schrei aus und niemand fing an zu weinen. Und abends sprach der Nachrichtensprecher und niemand schaltete den Fernseher aus.

Wenn das Telefon klingelt, dann ist es schon zu spät.

Ich denke, dass es mit dem Telefon steht und fällt. Aber das ist falsch. Das Telefon ist nur der Mittler. Wie Şirvan Stimme. Das Verbindungsglied zwischen uns und Rizgar.

Wir hängen an dieser Verbindung wie an einem Tropf. Sie ist aber nicht verlässlich. Stromausfall und Funkstille machen ihr zu schaffen.

Manchmal stelle ich mir die Verbindung auch als dünne Schnur vor, viertausend Kilometer lang, ein Seidenfaden, dünner, ein Nervenstrang, zwischen München und *Heleb*.

Noch mehr als das Klingeln des Telefons, fürchte ich, dass es ewig so weiter geht. *Keine Nachricht ist eine gute Nachricht.* Wer hat sich diesen Blödsinn ausgedacht.

Wo wir doch wissen, dass es nicht immer so läuft, dass nicht immer ein Brief ins Haus flattert, in dem geschrieben steht *Todesursache Schlaganfall.* Dass nicht immer ein Anruf kommt. *Sie können Ihre Leiche jetzt abholen.*

Manchmal passiert es auch. Funkstille. Über Monate keine Nachricht. Und wenn man dann fragt. *Wir wissen nicht, wo er ist.*

Es hat wieder angefangen zu schneien. Ich stehe am Fenster und sehe hinaus. Der graue Asphalt und das Balkongeländer färben sich weiß. Ich sehe lange in den Schnee, dann setze ich mich an den Computer und lese einen Bericht von HRW. Ich lese von Autobatterien, Gummireifen, Stromkabeln. Als vom *Basat al Rih* die Rede ist, *Fliegender Teppich*, schalte ich den Computer aus und verlasse die Wohnung. Draußen weht ein kalter Wind und es schneit. Es ist dunkel. Der Boden ist weiß. Ich öffne den Mund, und wünsche mir, der Wind würde all die Sätze, die mir unter der Zunge liegen herauswehen und mit sich nehmen und ich wäre ein weißes Blatt und unbeschrieben wie der Schnee.

Es ist keine Stille in der Wohnung. Im Wohnzimmer läuft der Fernseher. In der Küche das Radio. Schwester sitzt am Tisch und lernt. Bruder ist im Bad und duscht sich. Es tickt die Eieruhr. Es klappert das Geschirr.

Wir versuchen dem Telefon, das auf dem Küchentisch liegt, nicht zu viel Beachtung zu schenken. Wir versuchen uns einzurichten in Anwesenheit des Telefons.

Im Wohnzimmerregal steht eine verstaubte Kiste mit Videokassetten. Manche Kassetten sind beschriftet.

Nach den Abendnachrichten, nachdem die anderen zu Bett gegangen sind, nehme ich die Kassetten mit den Aufschriften *Heleb 93, 94, 95, 96 usw.* aus der Kiste und schaue sie mir an. Das Licht auf den Videos ist hell und die Farben sind ausgeblichen. Es ist meist Sommer auf den Videos und meist passiert nicht viel. Wir sind noch Kinder. Wir spielen im Garten, wir liegen im Schatten und schlafen, wir essen Wassermelonen.

Auf einem der Videos jagen Rizgar und ich auf dem Hof den Hühnern hinterher. Die Hühner sind schneller als wir. Wir bekommen sie nicht zu fassen. Die Hühner sind aufgebracht. Wir sind aufgebracht. Wir kreischen laut auf, während wir laufen.

Ich schaue die Videos an, bis mir fast die Augen zufallen. Ich bin unendlich müde, als ich zu Bett gehe.

Und als am nächsten Tag das Telefon klingelt, sagt Vater, es ist Şirvan. Vater schaltet den Lautsprecher an. Aus dem Lautsprecher kommt ein Rauschen. Şirvan sagt gar nichts.

BAUERNSCHACH
Albert Pall

Am Freitag ist um drei Uhr Schluss. Vorher natürlich Jause. Also Mittagessen. Für ihn ist Mittagessen, für mich ist Jause. Imbiss. Brotzeit. Er ist ein ordentlicher Esser. Er isst immer ordentlich. Viel. Er ist dick. Und er schwitzt. Immer schwitzt er. Auch beim Essen. Und natürlich bei der Arbeit. Auf dem Bankerl essen. Ich Jause, er Mittagessen. Viel, das hab ich schon gesagt. Ich Salat. Nimm einen Salat mit, hat sie gesagt. Ja, hab ich gesagt, Salat. Er isst. Wir reden nicht beim Essen. Sein Essen ist wie ein Gespräch. Zwischendrin hör ich die Vögel pfeifen. Dann wieder ihn. Dann wieder Arbeit.

Beim Geländer am Weg sind Bretter morsch. Bretter tauschen, nur zur Sicherheit. Niemand soll die Böschung runterfallen in den Fluss. Bretter tauschen. Drei haben wir noch. Schönes Wetter. Spaziergänger, Hunde mit Menschen an der Leine, Radfahrer. Manchmal Fahrradglocke, manchmal Bellen. Manchmal kurzes Reden. Er schwitzt. Früher war das ein normaler Weg zum Gehen. Da waren auch noch Bänke. Zum Rasten, der Weg ist lang. Jetzt ist es ein Spazierweg mit Geländer und Asphalt. Damit man mit dem Fahrrad fahren kann. Und, damit man nicht schmutzig wird beim Gehen. Bänke sind jetzt kaum noch. Die Leute rasten ja viel weniger. Und die Gemeinde sorgt für Sicherheit. So wird alles immer besser.

Bretter tauschen. Eines haben wir noch, denk ich grad. Er schwitzt. Und er schimpft, dass es von den Hunden ist, dass die Bretter dauernd morsch sind. So weit brunzen die jetzt nicht hinauf, sag ich, dass die da oben immer morsch sind, das ist vom Regen. Und, dass kein Geld da ist zum Imprägnieren für das Holz, das sag ich auch. Kein Geld, kein Lack, kein gar nichts. Und wie ich Regen sag, da muss ich selber brunzen. Geh schauen vorne, sagt er, ob was ist. So geh ich schauen vorne, ob was ist. Es ist was. Ein durchgemorschtes Brett und drunter gleich noch zwei. Ein leichter Tritt, denk ich, und die sind durch. Starker Harndrang. Das geht in die Hose, denke ich. Ich trete nicht.

Ich bin fertig, ruft er, komm, wir fahren. Ich geh zurück. Da vorne sind noch welche, sage ich, die sind praktisch durch. Er schwitzt andauernd. Wir haben keine mehr, sagt er, nimm das Absperrband, das Absperrband ist deine Arbeit. Ich kann nicht, sage ich, ich muss dringend brunzen. Mach du das, sage ich zu ihm und gehe. In die Büsche gehe ich hinein, es sind Frauen auf dem Weg und Kinder, die schauen sonst. Ich hör die Autotür.

Wie ich zurückkomm, sitzt er vorn im Wagen. Alles in Ordnung, frage ich. Alles in Ordnung, sagt er, steig endlich ein. Ich steige ein und er fährt los. Zwei Uhr, sagt er, wir sind zu früh. Ein Bier, fragt er. Ein Bier, sag ich, er ist mein Vorgesetzter. Das Band, frag ich im Gasthaus, nur zur Sicherheit frag ich, das Absperrband. Montag ist auch noch ein Tag, sagt er. Er schwitzt noch immer. Prost, sagt er. Den Salat, denk ich, brauch ich jetzt auch nicht mehr. Es ist dann spät geworden.

Ich stehe auf und gehe in die Küche. Sie steht am Herd und kocht die Suppe. Sie sagt nichts mehr. Früher schon. Früher war es aber schlimmer. Jeden Tag ein Rausch. Dann wieder keine Arbeit. Noch mehr saufen. Nicht öfter, mehr. Dann hat mich die Gemeinde eingestellt. Mein Vater, hat sie zu mir gesagt, hat dich dort hineingebracht. Schau, hat sie gesagt, dass du da bleiben kannst. Ein- bis zweimal in der Woche jetzt, nicht mehr. Kein Schnaps. Und bei der Arbeit gar nichts. Drei Jahre bin ich jetzt bei der Gemeinde.

Ich rauche. Hast du gelesen, fragt sie, sie deutet auf den Tisch. Da liegt die Zeitung aufgeschlagen. Ich habe nichts gelesen, ich bin grad aufgestanden. Ich sage nichts. Ich setz mich hin, ich schaue in die Zeitung. Ein Foto. Ein Weg und ein Geländer, unten dann ein Fluss. Ich schau genau. Der Weg und das Geländer, unten dann der Fluss. Oben auf dem Geländer ist ein Brett, darunter nichts. Nur noch Reste links und rechts, dort bei den Schrauben. Kein Absperrband. Ein Kind ist tot.

Oben ist die Frau gestanden, lese ich. Sie hat nur einmal nicht geschaut. Der Kinderwagen los hinunter aufs Geländer zu, die Bretter brechen weg. Der passt genau da drunter durch, der Kinderwagen. Die Böschung hinunter in den Fluss. Die Frau gleich hinten nach. Die haben sie gerettet. Den Kinderwagen haben sie dann auch herausgezogen. Das Kind war tot.

Hast du da gestern nicht, fragt sie, hast du da gestern nicht gearbeitet. Ich sage nichts. Noch eine Zigarette. Kaffee, frag ich. Es gibt Kaffee. Ich dreh mich hin zum Sitzbankeck. Der Schnaps, denk ich, wo ist der Schnaps. Kein Schnaps. Seit drei Jahren ist kein Schnaps im Haus. Die Hände zittern. Hast du da gestern nicht gearbeitet, fragt sie noch einmal. Ja, sag ich.

In die Stille läutet es. Das Telefon. Auf den Posten soll ich kommen. Die Polizei. Das ist schnell gegangen, denke ich. Ich gehe hin. Wie ich hineingeh, merke ich, ich hab noch eine Fahne. Von gestern eine Fahne. War viel Bier. Der Postenkommandant merkt das natürlich auch, denk ich. Da bist du ja, sagt er. Sonst sagt er nichts. Er kennt mich jetzt schon lange. Nicht nur vom Posten, vom Wirtshaus auch. Er hat eine rote Nase.

Drinnen sitzt mein Vorgesetzter. Er schwitzt. Er grinst. Der Raum ist voll, es sind alle da, auch ein Herr im Anzug. Grüß Gott, sag ich. Es bleibt still. Ich bin nicht blöd. Aha, denk ich. Mir wird heiß. Er ist ja immer noch betrunken, sagt mein Vorgesetzter. Immer noch betrunken, lacht er dann. Auf dem Schreibtisch liegt die Zeitung aufgeschlagen. Keiner sagt was. Alle schauen ernst. Setz dich hin, sagt der Postenkommandant. Mitten vor dem Schreibtisch ist ein Sessel frei. Ich setz mich hin. Der Postenkommandant geht um den Tisch herum und setzt sich vor mich hin. Er dreht die Zeitung her zu mir, dass ich das Foto seh. Er schneuzt sich laut. Dann lehnt er sich zurück und schaut noch ernster. Es ist so still, dass man die Fliegen hört. Die Uhr. Aha, denk ich, die haben sich das eh schon ausgemacht.

Siehst du ein Absperrband, fragt der Postenkommandant. Er deutet auf das Foto. Ich sehe keines, sagt er. Das Absperrband ist seine Arbeit, sagt mein Vorgesetzter. Und dass da keines ist, sagt er. Nur zur Sicherheit, sagt er, möchte ich das wiederholen, kein Absperrband. Und, das ist seine Arbeit, das sagt er noch einmal. Ich denke, es ist besser, ich sag jetzt nichts, sag ich. Und ich sag, ihr habt euch das ja eh schon ausgemacht. Also, was soll ich jetzt noch sagen. Dann ist es wieder still.

Es ist nicht gut, sagt der Postenkommandant nach einer Weile, wenn du gar nichts sagst. Weil, wenn du gar nichts sagst, sagt er, zählt das, was ist. Und das, was ist, schaut gar nicht gut aus. Kein Absperrband heißt Pflichtverletzung. Kein Absperrband heißt Kündigung. Heißt fristlos. Kein Absperrband kann auch Gefängnis heißen, sagt er. Und da können wir dir gar nicht helfen. Damit wir dir helfen können, sagt er, dazu sind wir aber heute da. Also lass dir jetzt helfen, sagt er, und sag jetzt was. Und ich sag, ich sag jetzt aber nichts.

Ein Kind ist tot, sagt der Herr im Anzug, und die Presse wartet. Sie werden also etwas sagen müssen. Und der Bürgermeister sagt, damit er endlich auch was sagt, jetzt sag was. Sag endlich, wie es war. Und der Vorgesetzte sagt, jetzt sag, dass ich gesagt hab, dass du das Absperrband anbringen sollst. Anbringen, sag ich, sagst du sonst nie. Und dass ich dauernd sagen muss, dass ich jetzt nichts sag, das bringt uns auch nicht weiter, sag ich noch. Und das dauernd sagen sagen müssen geht mir auf die Nerven, sag ich noch dazu. Er ist stur, sagt der Mann im Anzug, und, er versteht es nicht. Ein Kind ist tot, und weit und breit kein Absperrband, sagt er. Die Verantwortung, sagt er, jetzt reden Sie doch endlich. Alle sind nervös.

Gut, sag ich nach einer langen Pause, dann red ich jetzt. Und ich erzähle, wie es war. Dass ich hab dringend brunzen müssen, und, dass er, und ich deute hin zum Vorgesetzten, das Absperrband hätt festmachen sollen, damit ich brunzen kann. Während ich brunze, hätt er es festmachen sollen, das Absperrband, sag ich. Und wie ich zurückkomm, dass er im Auto sitzt, sag ich. Und dass er im Auto noch gesagt hat, dass alles in Ordnung ist, sag ich, weil ich gefragt hab, ist alles in Ordnung. Und dass er im Gasthaus dann gesagt hat, am Montag ist auch noch ein Tag, sag ich. Und heute ist erst Samstag, sage ich, aber für das Kind jetzt nicht mehr. Kein Samstag und auch kein andrer Tag, sag ich, ist für das Kindl mehr. Und für die Mutter gibt es auch kein Wochenende. Und keinen schönen Tag.

Der lügt doch, schreit der Vorgesetzte in mein zu Redendes hinein, wenn er das Maul aufmacht. Und, schreit er, das kennen wir ja schon von diesem Säufer. Ich schrei zurück, du bist sogar besoffen mit dem Gemeindewagen heimgefahren. Besoffen mit dem Gemeindewagen, fragt der Postenkommandant. Kein Absperrband, schreit der Vorgesetzte hin, das Absperrband ist seine Arbeit, da kommt er nicht heraus, da hilft ihm gar nichts. So geht das Schreien hin und her, bis der Postenkommandant dann sagt, ihr beide, sagt der Postenkommandant, ihr beide seid jetzt still.

Und in die Stille sagt der Bürgermeister dann, damit er auch was sagt, dass wir beide still sein sollen. Und zum Herrn im Anzug sagt er, das gibt eine Untersuchung. Eine Untersuchung, betont er noch einmal. Da kommen wir nicht drum herum, sagt der Herr im Anzug. Eine Untersuchung, das ist dann wohl so, so sagt der Herr im Anzug. Und weiter sagt er, meine Herren, sagt er zum Postenkommandanten und zum Bürgermeister, nicht zu uns, da ist noch die Sache mit der Haftung. Weil die Gemeinde, so sagt er weiter, haftet für die Leute. Für die Arbeiter von der Gemeinde haftet die Gemeinde, sagt der Herr im Anzug. Absperrband hin oder her, da ist die Sache mit der Haftung. Und Fahrlässigkeit, sagt er, oder ein persönliches Verschulden, das wird auch die Untersuchung nicht ... Auch in der Untersuchung ist die Sache mit der Haftung, sagt er noch. Dann ist es wieder still.

Sie beide, sagt der Herr im Anzug dann zu meinem Vorgesetzten und zu mir, sie gehen jetzt wohl besser. Und der Bürgermeister sagt, ein deftiger Verweis, das ist noch das wenigste. Da könnt ihr euch auf was gefasst machen, sagt er weiter, ein deftiger Verweis. Wenn nicht mehr. Da wird es euch noch in den Ohren rauschen, wird er lauter, das ist noch nicht ausgestanden, schreit er, für euch beide nicht. Und ihr beide, sagt er dann, ihr beide geht jetzt besser. Aber bildet euch nichts ein, sagt er, das hat ein Nachspiel, ein deftiger Verweis ist noch das wenigste, das sag ich euch, sagt er.

Die Anzeige, fragt der Postenkommandant den Herrn im Anzug. Die Anzeige, sagt der Herr im Anzug, das entscheidet sich dann höheren Orts. Weil, sagt er dann weiter, erst ist noch die Untersuchung. Die Sache mit der Haftung. Der Postenkommandant und der Bürgermeister schauen streng, weil der Herr im Anzug auch streng schaut. Ich stehe auf. Mein Vorgesetzter steht auch auf. Dann gehen wir jetzt besser, sage ich, und wir gehen.

Deftiger Verweis, lacht mein Vorgesetzter vor der Tür. Ein Nachspiel wird das haben, lacht er weiter. Das Kind ist tot, sag ich. Und du bist schuld, sagt mein Vorgesetzter.

IM WESTEN NICHTS NEUES
Georg Petz

Incoming 1400, die Tür hart aufgeschlagen, deckt den toten Winkel, Schultasche ins Eck, der Zettel auf dem Esstisch: das ewiggestrige Kommuniqué der Mutter, Essen in der Mikrowelle!

Bis zum Abend!

Durchhalteparole.

Längst gegessen, Pizza in der Schule, Nora ist schon online, sie ist schneller, wie macht sie das, sie steigt nur eine Haltestelle vor ihm aus.

An der Zimmertür der nächste Anschlag: *Räum dein Zimmer auf und zieh das Bett ab, Paul,* sein Name, der Befehl an seinen Namen adressiert, den hat er nie gewählt, darunter fortgeduckt ins Zimmer, der Geruch darin, das geht schon, nach ein paar Minuten hat man sich daran gewöhnt.

Der Teppich wie ein fremdes Fell, die Decke schläft, ein schwarzes Tier, eng an die Wand gedrängt, das Kissen hat sie sich gleich nach dem Aufstehen einverleibt, verdaut es jetzt, der Bildschirm läuft noch, der PC, zwei kurze Klicks, wie lautet die Parole? *Westwind.*

Enter Password, *FuckUall.*

Er hätte Nora fast nicht mehr gefunden. Auf der untersten Etage des Levels barg ein Stapel Autoreifen eine Türe, die unversperrt in ihren Angeln lag. Eine kleine Sprengladung daran platziert, hinter den Kisten an der Wand Deckung genommen und dann raschraschrasch noch in die Explosion hineingelaufen ... dann schaffte man es für gewöhnlich, ehe sie wieder zuschwang, und fand sich auf der anderen Seite an einem schmalen Sandstrand wieder, dem einzigen Ort, der außerhalb des Bunkers lag, nur ein paar Schritte weit zwischen dem

Wasser und der Tür, die nun wieder, die Stirne etwas ausgeschlagener und korrodierter Stahl, in seinem Rücken zugefallen wäre.

Hier war er Nora auch zum ersten Mal begegnet und war so überrascht gewesen, dass noch jemand hierher gefunden hatte, dass er sie zuerst angeschrieben und nicht gleich erschossen hatte.

Auch sie hatte gezögert.

Hatte geantwortet.

6. Klasse, hatte er geschrieben.

4., hatte sie geantwortet. Professor Schimmelreiter.

FuckU!

Wie viele Abschüsse bisher?

487, *LaughsOutLoudly*. Deshalb der Name: *Westwind*. Der Wind des Todes bei den alten Pharaonen.

Ich spiele erst seit einer Woche, hatte sie geschrieben. *Lipglossgirl* – seine Tochter Nora zu nennen, sei fast ein Verbrechen ...

Der Strand war leer, das Medikit noch dort, Nora nicht hier gewesen. Er lief zurück nach drinnen – am Rückweg gab es keine Deckung vor der Explosion, die schlug ihm hart und teuer ins Gesicht, 5 %, das ging schon, hier wäre für gewöhnlich keiner außer ihm, keiner kannte ihr Versteck: kein Zugriff draußen durch die Scharfschützen, die überall in dem Gebäude lagen.

Eine sonderbare Strategie, die sie verfolgten: Minuten oder länger, Viertelstunden würden sie stillliegen und drauf warten, dass einer irgendwann vorbeikam. Dass sie ihn noch erwischten, nur mit einem Schuss und wenn der fehlging, wäre all die Warterei umsonst gewesen. Zu langsam und zu umständlich war ihr Gewehr gegen einen raschbeweglichen Spieler wie ihn ... wie kam man da auf seine Abschusszahlen?

Martin zum Beispiel aus der Parallelklasse, der stets am großen Kessel der Maschinenhalle lag ... ein, zwei Raketen, noch im Laufen, noch aus dem Korridor hinaus in seine Richtung abgefeuert und er wäre wieder aus dem Spiel. Etwas Dunkles dann am Boden, wenn er daran vorüberlief, Martins Name erneut auf seiner Abschussliste, nur Lipglossgirl stand nicht darauf. Stand heute noch auf keiner der Abschusslisten, die als Ticker unten am Bildschirmrand vorüberliefen.

Mehr Gefechtsfeuer im Treppenhaus: die üblichen Scharmützel auf dem Weg nach oben, für alle, die das Suizidkommando der Aufzüge nicht auf sich nehmen wollten: Tür auf und Sperrfeuer und wie die Wölfe warteten sie draußen, Blendgranate, ducken und zur Seite rollen, wenn da noch keiner lag, das half vielleicht, oder das Treppenhaus.

Ungewöhnlich viel Beschuss von oben diesmal, *Ping*, etwas fuhr an ihm vorbei, scharf und laut, er nahm die Kopfhörer ab, zu scharf, zu eng, Noras *Ping*, bin unterm Dach, und wieder *Ping*, doch noch ein Scharfschütze und Scheiße, wenn der gut lag, irgendwo oben bei den Trägern, wäre er Fraß und Beute, zehn Schuss hatte der Zeit, womöglich mehr.

Er müsse darauf hoffen, dass seine Panzerung bis oben hielt ... dass der da oben keinen Kopfschuss landete, inzwischen.

Ping, *Lipglossgirl has left the game* am Bildschirmrand und Scheiße, er war zu spät gekommen, war jetzt selbst offen, war viel wert, wenn man ihn traf, 488 Credits ... da musste man jetzt groß hinein, solang man selbst am Leben war, und darauf hoffen, dass der da oben schneller starb. Drei Splitterbomben hoch, Stahlregen und Schrapnell, ein heller Blitz, das eigene Leben zählt noch 8 %, am Bildschirmrand der gegnerische Name, *Manowar*, jetzt kannte er den Feind zumindest, das Spiel pausiert und freiwillig gegangen, beim nächsten Einstieg müsste er dann sehen, wie er weiterkam, ein langer harter Kampf und nur noch Leben für zwei Schuss ...

Ping, etwas ging ihm durch – war das die Mutter, die früher als gewöhnlich von der Arbeit kam?

Ping, etwas wie ein Stein schlug an sein Zimmerfenster. Er öffnete es vorsichtig und sah nach unten, Nora.

Kann ich raufkommen?

Er sah sich um, die Schmutzwäsche am Boden und die aufgeblähte Bettdecke.

Der Geruch, fiel ihm ein.

Nein, sagte er, ich komme runter.

Zeig mir, wie das geht, sagte Nora.

Sie hatte ihren Laptop auf den Knien, vor ihr am Bildschirm Lipglossgirl in voller Größe, im Magazin, bevor es losging, bevor man durch die Tür nach draußen ins Gemetzel lief. So nahe hatte er sie noch nie gesehen, die Reptilienhaut ihrer Uniform so eng und hart über den Schultern, ihre Brüste voll und fest, wie anders Nora selbst, nicht so recht einsehbar, sonderbar weich, die Schenkel auch, ihr Hintern, das Moire des Waschbetons, das darin zurückblieb, wenn sie sich von dem Blumentrog erhob, worauf sie saßen, und ihren Rock erneut ein Stückchen weit nach unten zog.

Die Ligusterhecke wäre Deckung gegen alle neugierigen Blicke ihrer Nachbarn, auf halbem Weg zwischen den beiden Haltestellen, er im Osten, sie im Westen, und schau mal, mit der Bewaffnung fängt es an. Du hast nur wenig Credits, du musst wählen, Panzerung auf jeden Fall, was kannst du gut, Nahkampf nicht, die Frauen sind dafür zu schwach, schneller bist du, wendiger, Halbdistanzwaffen, Wurfsterne und Pfeil und Bogen, das geht lautlos, da finden sie dich nicht ...

Darf ich einmal mit Westwind spielen?

Niemals, er sah sie an.

Dafür darfst du mich angreifen.

Sie nahm plötzlich seine Hand und schob sie unter ihr Gewand, ihr Bauch war weich und glatt, ihr Rippenbogen, wie schmal, das war doch unerwartet, sie war nicht breiter als seine beiden aufgespannten Hände. Sie schwitzte, auch das unerwartet: Mädchen schwitzten, und sie sah ihn an, als hätte sie ihm eben jenes legendäre Artefakt gezeigt, das jeder Level barg, Massenvernichtung, und mit einem Schlag könnte er alle Gänge leerfegen, 200 Credits mehr und dann die Stickereien des BHs wie eine Blindenschrift, an der sie ihn entlangführte, als wollte sie ihn lesen lehren, was wäre da zu lesen – ein dicker Schaumstoffpolster wie zur Panzerung und dann ein wenig Haut und Wärme ...?

Wie sie ihn ansah.

Meinetwegen sagte er, Login, *enter password*, 8 %, warte, das Lazarett im dritten, den Weg dorthin noch freigesprengt, so, jetzt, *health level restored*, und seltsam ziellos gingen Westwinds breite Schultern am andern Ausgang der Station zurück ins Stahlgewitter, duck dich, schrp-nll, schrp-nll, du darfst nie stehenblieben, nein, schau so … und so …

Incoming 1700, hast du dein Bett schon abgezogen?

Heute länger Schule.

Was ist vorgefallen?

Nichts. Nichts Neues, Hausaufgaben, unter ihren Blicken abgetaucht und in die Treppenwindungen geduckt, gedeckt, sagt sie noch etwas, Türenschlagen, danke nein, ich hab' schon in der Schule …

Lipglossgirl würde bereits in ihrem Garten auf ihn warten. Wie schön sie war, in ihrer Uniform … ihre Bewegungen, das sanfte Wippen und Sichwiegen ihres Oberkörpers, wenn sie vor ihm lief, er gab ihr Feuerschutz.

Es war nicht einfach, auf sie aufzupassen: sie war zu leichtsinnig, lief oft geradewegs in die Gefechte der andern oder übersah die Sprengfallen am Boden. Oder, schlimmer noch: blieb stehen, wenn die plötzlich rund um sie hochgingen, war dann orientierungslos, konnte aus dem Blitz und Donner nicht auf die Richtung der Geschütze schließen, hatte vielleicht keinen Surroundsound oder einfach Angst … Er müsste dann für teure Credits ein Kraftfeld um sie legen, was soll's, es wurde jeden Tag ein wenig schwieriger, zu überleben …

Bald wusste man, dass sie und er zusammen liefen. Man würde auf ihn warten, wenn sie um die Ecke kam, würde auf sie beide zugleich das Feuer eröffnen, sie wehrlos, er zwischen zwei Salven, zwei Richtungen gebunden, auf den Boden, Blendgranaten, Napalm in die Ecken und die Winkel, Vorhölle, Purgatorium, bis der Raum aufs Neue sauber war und sicher.

Incoming 0730, du gehst mit Nora, hieß es in der Klasse und es war ihm gleich.

Auf dem Gang wichen die Unterstufenschülerinnen vor ihm aus, als trage er noch seine Pumpgun in der Hand, oder anders: als wären

Westwinds breite Schulter nun auf seine eigenen gerutscht, denn kaum dass sie ihm Platz machten, bildeten sie einen Halbkreis rund um ihn, hielten an in dieser Formation und fielen ihm, ein Kichern und ein Lachen, in den Rücken: ein wenig Spott, ein wenig Neid, ein wenig Unverständnis und Bewunderung und der da hat tatsächlich mit Nora ...?

Diesmal kam sie nach der Schule zu ihm mit.

Essen ist in der Mikrowelle, wenn du Hunger hast, sie schüttelte den Kopf, am Tisch der Zettel, er nahm ihn, ballte ihn zusammen, warf ihn in Richtung des Papierkorbs und verfehlte ihn.

Komm, nach oben.

Du musst lüften, sagte Nora, als sie eingetreten war.

Sie sah sich um: die Bettdecke, die immer noch in Krämpfen aufgewühlt am Rand des Bettes lag, Sammelfiguren und der Schreibtisch.

Sie nahm auf der Matratze Platz, vorsichtig zuerst, als fürchte sie, sie mit den bloßen Beinen zu berühren, dann allmählich etwas sicherer. Paul schaltete den Computer ein, das Wasserblau des Bildschirms wie der Strand, in dessen Heimlichkeit man sich zum ersten Mal begegnet war.

Wenn du mich hochspielst, darfst du mit mir schlafen, sagte sie.

Wie viel?

300 Credits.

Sie richtete sich auf, zupfte den Rock nach unten und ging zu ihm zum Schreibtisch. Sie setzte sich auf seinen Schoß, ihre schmale Brust auf sonderbare Weise ihm zugewandt, dann waren da ihre Fingerspitzen auf seiner Tastatur, *enter&accept* und Lipglossgirl in ihrem Schlangenpanzer, Köcher und Bogen auf dem Rücken, Metallglanz in der Hand, Wurfsterne, Sprenggeschosse.

Sie rannte los, hinaus aus dem Magazin, ein Feuer kam von links, sie sprang darüber hinweg, war wendiger jetzt, gelenkiger.

Sie kannte den Bunker vom Keller bis zum Dach, *Manowar is on a killing spree* am unteren Bildschirmrand *bodycount*, eins, zwei, drei, zwischen den Förderbändern beschoss sich eine Gruppe Namenloser.

Lipglossgirl ging unter den donnernden Stahlwalzen in Deckung, Bogen und Sehne und nur die Wucht der Detonation, die auf sie zurückfiel, bestätigte ihr den treffsicheren Einschlag ihrer Pfeile. *Fuck you, Lipglossgirl*, schrieb einer, *what has become of you?*

Als er sich umdrehte, lag Nora nackt auf seinem Bett. Eine Ecke der Bettdecke hatte sie sich über das Becken gelegt, vielleicht aus Scham, vielleicht weil ihr kalt war, ihre Brüste nun sonderbar flach, wie sie so dalag, kaum schon Brüste, aber die Arme in einer ebenso sonderbaren bildgelehrten Geste abgewinkelt, das sollte verführerisch aussehen, und er stand vom Schreibtisch auf und ging zu ihr. Er küsste sie zuerst, dann legte er sich auf sie.

Sie griff nach den Knöpfen seiner Jeans und zerrte daran, bekam sie nicht auf.

Sie schwitzte, *Scheiße*, sagte er, ich will das nicht.

Weißt du eigentlich, wie peinlich das für mich ist, wenn du mich jetzt so liegen lässt, sagte sie, die Stimme fern wie über Telefon.

Du hast mich nackt gesehen.

Dann war da plötzlich etwas in ihrem Gesicht, als habe er auf sie geschossen und sie könne es immer noch nicht glauben. Könne immer noch nicht glauben, dass es mit voller Absicht geschehen war, und sie müsste an dieser Wunde, so klein sie auch wäre, unweigerlich zugrunde gehen.

Er hielt ihr ihre Unterwäsche hin, sie nahm sie, drehte sich von ihm weg, während sie sich wieder anzog, dann war sie das Türenschlagen, das ihn im Winkel seines Bettes tot zurückließ, war ein Poltern auf der Treppe und die atemlose Stille, die hinter ihr im Haus zurückblieb.

FuckU und ihr nach über die Treppe. Keine Spur von ihr, die Küche *clear*, Wohnzimmer *clear*, Noras Schultasche nicht länger in der Garderobe.

Draußen Sonnenstand auf 1500, die Straße ebenso verlassen – wo war sie? Keine Regung in den Schatten der Ligusterhecken, weiter, Buchs, Taxus peitscht die Äste ins Gesicht, wie weh das tut, wie scharf die Straße in der Lunge sticht, einmal hinabgelaufen, dann zurück, nichts, nicht einfach verschwinden lassen.

Incoming 1540, wo warst du, fragt die Mutter, Schule, Paul – die Nachricht ...! Es geht nicht an, dass du ... die Treppe hoch, die Zimmertür ins Schloss.

Noras Kopfabdruck ist noch wie eine Blindenschrift aus seinem Kissen lesbar.

Alles in Ordnung, Paul?

Lipglossgirl liegt immer noch im Schutz der Förderbänder, ihren Bogen in der Hand, und wiegt den Oberkörper leicht, sieht zu ihm her, dann in das Dunkel.

Dann plötzlich eine Detonation, *incoming assault* am Bildschirmrand, die nächste Detonation, eine Figur über den Förderbändern, die rasch in ihre Richtung näher kommt, der Name ihres Angreifers, wenn man mit der Maus darüberfährt: *Westwind*, und wieder geht ein Schuss in ihre Richtung.

Das Passwort, kommt ihm, ihr Versteck im Schatten der Ligusterhecke, der Laptop über ihrem Schoss und ihre Brüste, eine kleine Unaufmerksamkeit.

So einfach hat er sich bestehlen lassen!

Wir müssen reden, ruft die Mutter durch die Tür, aber zum Reden bleibt die Zeit nicht mehr, bleibt keine Sprache: Lipglossgirl rollt sich nach hinten ab, unter den Förderbändern ist es dunkel, gleich wird der Westwind Bomben bringen und Granaten, lauf, lauf was das Zeug hält, fällt einer neben ihr, wo kommt der her, ein Knall, ein Schlag, geht unter jenem anderen in Deckung, die Welle geht die Wände hoch zur Decke, was war das, Scheiße, einmal umgedreht und Lipglossgirl zögert ganz kurz, spannt dann den Bogen und gemeinsam mit der Welle von der Decke fährt ihr Pfeil auf Westwind los, der immer noch über den Förderbändern droht, die halten ihn jetzt fest, so rasch sie ihn vorhin hereingetragen haben.

1600 incoming assault, ein Blitz, ein zweiter Blitz, dann läuft es plötzlich wie sein eigner Name über den Bildschirmrand: *Westwind has left the game*, der Donner schwächer in den Ohren, noch ist ein Blut, noch rauscht und schlägt es an der Schläfe, die Mutter an der Tür, Paul ...?

Ist alles in Ordnung?

Die Förderbänder Feuer und zerschlagen, Lipglossgirl steht langsam aus den Trümmern auf, wischt sich den Staub von ihrer Echsenbrust, und ja, alles in Ordnung.

Westwind als dunkle Masse auf dem Boden, alles ist ruhig an der Front.

Keine besonderen Vorkommnisse.

Nichts passiert.

KONTINENTE
Tanja Raich

Du sagst nichts, als ich zur Tür hereinkomme. Wir sehen uns in die Augen und zwischen uns sind die Wörter gestrickt, aber unausgesprochen. Ich bewege mich durch den Raum, vorsichtig, als wäre ich ein Gast. Ich sage, wie geht es dir, als ich die Einkäufe im Kühlschrank einräume. Und du sagst, gut, und nimmst mir die Getränke aus der Hand, räumst sie dort ein, wo sie schon seit Jahren hingehören. Ich öffne die Spülmaschine und trockne das Geschirr. Du nimmst das Besteck und räumst es zurück in die Schublade. Wir stehen uns im Weg, aber bewegen uns ohne Berührung aneinander vorbei.

Ich suche nach einem Satz, während du den Kühlschrank wieder öffnest, eine Zwiebel herausnimmst und anfängst zu schneiden, aber mir fällt keiner ein. Ich stehe neben dir, etwas unbeholfen, und suche weiter nach einem Satz, den ich dir sagen könnte, aber da steigt mir der Geruch der Zwiebeln in die Nase, und ich gehe, und komme erst dann wieder, als du uns zwei Teller auf den Tisch stellst.

Du nimmst die Gabel und das Messer in die Hand und schneidest das Fleisch in kleine Stücke, legst das Messer wieder weg und nimmst immer ein Stück Fleisch und eine Kartoffelscheibe auf deine Gabel. Ich beobachte dich von der Seite, aber du siehst mich nicht an. Ich frage, wie war dein Tag. Und du sagst, dass du heute die Steuererklärung gemacht hast. Ich sage, schön, endlich hast du es hinter dir, während ich mit der Gabel im Essen stochere. Du schaust in meinen Teller, aber du fragst nicht, ob mir das Essen nicht schmeckt. Ich sehe dir dabei zu, wie du eine Gabel nach der anderen zu deinem Mund führst und einen Punkt im Raum fixierst. Ich frage dich, ob du deinen Bankberater angerufen hast und kaue lange an einem Stück Fleisch, denke mir, dass du es wieder einmal zu lange gebraten hast. Und du sagst, nein, während du noch immer den Mund voll hast, das mache ich morgen, und weiterkaust.

Ich nehme unsere Teller und leere den Rest meines Essens wieder zurück in die Pfanne, obwohl ich weiß, dass du das nicht magst. Du stellst die Gläser in die Spülmaschine und siehst mir dabei zu. Und während ich unsere Teller einräume, denke ich mir, dass ich gerne die Keramikteller, die wir in Griechenland gekauft haben, behalten würde. Dass es gut ist, dass wir immer noch viele Dinge doppelt haben. Zwei Schneidebretter, zwei Handmixer, zwei Knoblauchpressen, zwei Backformen, zwei Fonduesets.

Die Spuren der Flugzeuge verblassen zwischen den Wolken. Ich höre meinen Atem und mein Herz schlägt laut in der Brust. Ich stelle mir vor, wie du neben mir liegst, wie du mir sagst, was du siehst in den Wolken. Deine Bilder habe ich nie gesehen, vielleicht habe ich sie nicht verstanden, vielleicht war ich zu langsam dafür oder ich habe keine Fantasie. Du sagst mir oft, dass ich keinen Weitblick habe, dass ich nur dorthin schaue, wo mein Fuß den Boden berührt.

Ich versuche die Wolken nicht aus meinen Augen zu verlieren und untersuche ihre Formen. Aber ich sehe keine Tiere. Keine Länder oder Kontinente. Ich sehe keine Gegenstände. Ich sehe nur Wolken, die vorbeiziehen, ihre Form verändern und auseinanderfallen. Du sagst manchmal, dass ich keine Träume habe, dass ich doch Träume haben muss. Dass jeder Mensch Träume hat und dass du ganz viele hast, obwohl ich von den meisten nichts weiß. Ich stelle mir vor, wie du deinen Kopf auf meine Brust legst und wie ich dir durch die Haare streiche. Ich versuche mich zu erinnern, wie das war mit uns vor Jahren. Ich lege meine Hand auf die Brust und spüre mein Herz durch die Finger schlagen. Ich frage mich, wohin dieses Flugzeug, dessen Spuren verschwunden sind, geflogen ist.

Ich komme nach Hause und lasse die Tür zu laut in das Schloss fallen, aber es ist gut, weil dann kannst du mich hören. Doch du kommst nicht zu mir, du sagst nicht, hallo. Du bist irgendwo zwischen den Gängen und Ecken unserer Wohnung. Ich rufe nach dir, aber du antwortest mir nicht. Ich bewege mich leise, höre die Wohnung entlang, aber ich höre dich nirgends und weiß nicht, wo du bist. Ich setze mich an den Schreibtisch, auf die vorderen Kanten meines Sessels, und zucke jedes Mal, wenn draußen im Treppenhaus eine Tür ins Schloss fällt, zusammen. Es ist leise in unserer Wohnung und dunkel. Ich suche dich nicht. Nur das Licht meines Bildschirms beleuchtet den Raum. Ich höre das Klicken meiner Maus und das Gurren der Tauben, die vor meinem Fenster sitzen und sich abwechselnd in den Innenhof fallen lassen. Ich klicke mich durch die Nachrichten, lese von einem abgestürzten Flugzeug in der Ukraine, von einem baldigen Waffenstillstand zwischen Israel und der Hamas, von einem BBC Korrespondenten, der für Angela Merkel ein Geburtstagslied gesungen hat. Kein einziger Schritt, der durch unsere Wohnung geht.

Ich lese von einem Unternehmen in Chicago, das den Toilettenaufenthalt seiner Mitarbeiter auf sechs Minuten beschränken will. Dass der israelische Ministerpräsident doch mit einer Bodenoffensive im Gazastreifen beginnen will. Von einer japanischen Künstlerin, die verhaftet wurde, weil sie einen Kajak in Form einer Vagina anfertigen ließ. Ich lese, dass Angela Merkel fotogen ist und Johnny Winter gestorben ist.

Ich stelle mich vor den Spiegel und putze meine Zähne. Ich kämme meine Haare und lege meine Kontaktlinsen in den Behälter. Ich gehe in unser Schlafzimmer, ziehe mich aus und lege mich nackt in das Bett, aber dort bist du auch nicht.

Du schreist mich an und ich schreie zurück. Du sagst, dass ich eine behinderte Sau bin. Und dass ich verschwinden soll. Ich sage, dass du ein beschissenes Arschloch bist. Dass ich dich nicht mehr sehen kann. Dass ich deinen Anblick nicht mehr ertrage. Dass du dich ficken sollst, schreie ich laut und dabei überschlägt sich meine Stimme. Und du schreist. Ich höre nicht mehr, was du schreist. Dein Gesicht ist rot angelaufen und auf deiner Stirn pocht eine Ader. Und ich schreie, und

weiß auch nicht mehr, was ich schreie, ob es an dich oder an mich gerichtet ist, aber du hörst mir nicht zu und wir schreien gleichzeitig.
Und ich schubse dich, damit du aufhörst zu schreien und ich alleine
schreien kann, aber du schubst mich zurück. Ich schreie, lauter, und
ich schlage mit meiner Faust auf deinen Rücken, bis ich dir weh tue,
du deine Hand ausholst und ich aus dem Zimmer laufe. Mein Herz
klopft laut und unkontrolliert, und meine Hände zittern vor Wut. Ich
schlage die Tür hinter mir zu und sie fällt in das Schloss, aber nicht
laut genug. Und ich öffne sie wieder und schlage sie noch einmal zu
und noch einmal und wieder und wieder, bis du zu mir läufst, während
ich die Türklinke in der Hand halte und plötzlich schockiert über
mich selbst bin. Ich gehe. Und ich höre dich schreien und fluchen,
wahrscheinlich beschimpfst du mich.

Du liegst neben mir und ich streiche dir durch dein Haar. Wir spielen
uns Erinnerungen zu, reden von Tagen, die schon lange hinter uns liegen und seltsam verklärt sind, als wäre früher alles besser gewesen. Du
erzählst mir wieder einmal, wie das war, als du mich zum ersten Mal
gesehen hast, und ich weiß schon nicht mehr, ob das wirklich so war,
wie du behauptest oder ob du dir nicht schon längst eine eigene Version der Vergangenheit zurecht gelegt hast. Du sagst mir, wie sehr du
mich liebst. Ich sage, dass ich dich mehr liebe und du, dass du mich
noch mehr liebst. Wir lachen, obwohl wir beide wissen, dass es keine
Steigerungsform gibt von Lieben und dass es nur ein Lieben oder
Nicht-Lieben gibt. Du saugst an meinen Brustwarzen und ich frage
dich, ob du die Waschmaschine ausgeräumt hast. Du wanderst zwischen meine Beine, während Oasis *Take me to the place where you go*
singen. Ich erinnere mich genau an den Tag, als ich dieses Lied zum
ersten Mal gehört habe. Es war ein Abend im Sommer. Die Musik war
laut. Eine Discokugel drehte die Sterne im Kreis. Jemand zog mich auf
die Tanzfläche und küsste mich.

Ich sage dir, dass du nur in deinen Träumen lebst und jeglichen Bezug
zur Realität verloren hast. Du sagst, dass ich mich aufgegeben und

keine Perspektiven habe. Du sagst, dass ich nichts geleistet habe in meinem Leben bisher, dass ich mich für nichts interessiere, dass ich stehengeblieben bin und du mich nicht wiedererkennst. Ich sage, dass du nur behauptest, Träume zu haben, dass du schon seit Jahren jeden Tag den gleichen Scheiß machst und genauso stehengeblieben bist. Du sagst, dass du etwas erreicht hast, dass du so viel erreicht hast, dass du alles erreicht hast und sogar noch mehr erreichen wirst. Ich sage, dass du genauso viel oder wenig erreicht hast wie ich, nur, dass du Geld dafür bekommst und ich nicht und du meinen Erfolg immer am Geld misst. Dass du dich überhaupt nicht für mich interessierst, dass du gar nicht weißt, was ich mache, geschweige denn, was ich erreicht habe. Du sagst, dass ich mich genauso wenig für dich interessiere, dich ignoriere und distanziert bin. Dass ich überhaupt nicht mehr lache, nicht mehr mit dir und sonst auch nicht. Du sagst, dass ich nicht mehr die bin, die ich war. Dass du meine Anwesenheit nicht mehr erträgst. Dass du nicht weißt, wie das weitergehen soll mit uns. Ich sage, dass ich das schon längst nicht mehr weiß.

Ich stehe in der Küche und schneide Tomaten in Scheiben. Im Radio höre ich die Nachrichten. Sie sagen, dass in der Ukraine nach den Toten gesucht wird und Tausende Palästinenser auf der Flucht sind. Du kommst in die Küche, ich drehe mich nicht zu dir um. Du stellst dich hinter mich und hältst mich mit beiden Armen fest. Ich spüre deinen warmen Atem auf meinem Hals und dein Herz an meinen Rücken klopfen. Es ist gut, deine Wärme zu spüren. Ich lege das Messer auf die Arbeitsplatte und eine Träne tropft auf meine Hand. Du sagst nichts und ich lege meine Hände um deinen Kopf. Wir stehen in der Küche wie zwei, die sich zum ersten Mal umarmen, und hören die Nachrichtenstimme, die über das Wetter von morgen spricht.

Die Möwen gleiten an der Wasserdecke der Donau entlang. Ich liege am Wasser und elektronische Musik dringt von einem Strandlokal zu mir. Jemand bleibt über mir stehen und fragt, warum ich sowas lese, *Arbeit und Struktur*, an einem Sonntag? Er lacht und ich sehe, dass ihm ein Zahn fehlt. Er fragt, ob das Buch spannend sei, ob ich viel lese. Er sagt, dass er nicht so viel lese, dass er lieber Musik höre. Er fragt mich, woher ich komme, womit ich mein Geld verdiene, und er wandert mit seinen Blicken meinen Körper entlang, aber ich kann nichts dagegen tun. Er sagt, dass er Reiseleiter sei, obwohl ich ihn nicht danach gefragt habe. Er setzt sich neben mich, obwohl ich ihm keinen Platz angeboten habe. Er zündet sich eine Zigarette an, obwohl er mich nicht gefragt hat, ob es mich stört. Er fragt mich, ob ich oft hierher komme. Er sagt, dass ich schön bin. Mein Gesicht, meine Haare, meine Augen. Er sagt, dass er noch nie so grüne Augen gesehen hat und berührt meinen Arm. Er erzählt mir Dinge, die ich nicht wissen will, und fragt mir Löcher in den Bauch und ich bin mit jeder einzelnen Frage absolut überfordert und weiß nichts zu sagen als: vielleicht und: kann sein.

Ich stehe vor dem Spiegel und versuche herauszufinden, was an meinen Augen so besonders ist. Ich suche in meinem Gesicht nach der Schönheit, die er scheinbar darin gefunden hat, aber ich kann sie nicht finden. Die Lippen vielleicht, aber auch da sehe ich schon die kleinen Falten und auf meiner Stirn eine tiefe zwischen den Augen. Ich frage mich, was du eigentlich schön in meinem Gesicht gefunden hast, an meinem Körper. Wahrscheinlich hast auch du die grünen Augen betont. Vielleicht meine Beine, meine Ohren, meinen Geruch. Du hast vielleicht einmal gesagt, dass du alles schön findest an mir. Aber ich kann mich an nichts erinnern, du könntest alles und nichts gesagt haben, es ist schon so lange her.

Du sagst, dass du nachgedacht hast. Dass es so nicht mehr weitergehen kann. Du sagst, dass sich etwas ändern muss. Ich sage nichts. Du sagst, dass wir doch nicht so weitermachen können. Du sagst, dass du jeden Tag überlegst, ob du gleich nach Hause gehen oder doch lieber noch warten sollst, bis ich schlafe. Dass du nicht mehr weißt, ob du mich berühren darfst, ob du mich küssen sollst, ob du mich umarmen darfst, ob wir normal sein können miteinander. Du sagst, dass du wie in einem luftleeren Raum bist und die Tage dich erdrücken und dass du manchmal das Gefühl hast, nicht genug Luft zu bekommen. Du sagst, dass du es nicht mehr länger aushältst. Dass du nicht mehr weißt, wo du hingehörst. Ich sage nichts. Du redest von früher. Du redest von der Zukunft. Du redest und redest, ich höre dich nicht mehr zu.

Du schläfst, als ich mich zu dir ins Bett lege. Du bist wach, das weiß ich, aber du tust, als ob du schlafen würdest, damit du nicht mit mir reden musst. Zwischen uns ist viel Platz und deine Wärme spüre ich nicht. Ich lege mich nicht an deinen Rücken, lege auch meinen Arm nicht um dich. Ich liege starr, als wäre ein wildes Tier neben mir und atme leise. Ich weine und unterdrücke das Schluchzen, damit du mich nicht hörst, schließe meine Augen und wünsche mir, dass da jemand ist, der mich in seine Arme nimmt, in dessen Bauch ich meinen Kopf legen kann und der mir meinen Nacken krault. Ich sehe dich an. Von draußen dringt das Mondlicht in unser Schlafzimmer und hinterlässt einen Lichtfilm auf deinem Gesicht. Deine Augen sind geschlossen. Du bist es nicht.

Es riecht nach Kaffee, als ich aufstehe. Du stehst in der Küche und machst uns Frühstück, während die Nachrichtenstimme von 672 toten Palästinensern spricht. Ich setze mich an den Tisch, der voll ist mit Dingen, die ich mag. Du sagst, guten Morgen, und küsst meine Stirn. Du sagst, dass ich mich setzen soll, aber du siehst mir nicht in die Augen, sondern richtest deinen Blick irgendwo in den Raum. Du sagst, dass du das, was du gesagt hast, nicht so gemeint hast. Dass du zu sehr mit dir selbst beschäftigt bist. Der Geruch des Kaffees steigt mir in die Nase und ich betrachte die frischen Brombeeren vor mir, die im Licht des Morgens leuchten. Du sagst, dass du mich liebst, aber noch immer siehst du mir nicht in die Augen. Ich will etwas sagen, doch die Wörter stecken fest und ich sehe, dass der Käse schon zu schwitzen beginnt. Du fragst mich, ob ich dich immer noch liebe und ich versuche zu sagen, dass es so ist und schaue dich so lange an, bis du den Raum beiseite lässt. Ich sage, dass ich schwanger bin und überwache jeden einzelnen deiner Gesichtszüge. Du siehst mich erschrocken an, aber dann sehe ich kleine Falten, die sich um deine Mundwinkel bilden, und du nimmst mich in deine Arme. Und dann küsst du meinen Bauch, als hätten wir das nicht schon zu oft im Fernsehen gesehen. Ich halte deinen Kopf und ich schaue aus dem Fenster hinüber in die Wohnung unseres Nachbars. Er tanzt in der Küche, während James Brown aus unserem Radio singt.

ETWAS WIRD SICH VERÄNDERN
Nils Treutlein

Bären los!, steht in großer, roter Schrift auf der Reklametafel bei den Zapfsäulen. Wir liegen im Garten beim Komposthaufen und spielen *Wer hat Fanny Fuchs gekillt.* Durch die Haselnusssträucher kann ich die Tankstelle mit den Zapfstutzen für die Lastkraftwagen sehen, die blauen Staubsaugerautomaten und das Ausklopfgitter für die Fußmatten. Es ist Sommer. Ganz nah am Boden riecht es nach feuchter Erde und auch ein wenig nach Benzin. Wir warten. Seit dem Frühstück warten wir. Jackson liegt ein paar Meter rechts von mir; wir warten auf etwas Großes, das wir angreifen können. Hinter uns im Garten knotet Helen das bunte Happy-Birthday-Spruchband in die Astgabel der Blutbuche. Das andere Ende hat sie am Wäschekarussell befestigt. Seit Papa weg ist, passt sie auf uns auf. Sie steht in einem weißen Kleid auf dem Küchenhocker, wischt Flure und zieht komische Sandalen an. Heute ist Jacksons Geburtstag. Deshalb sollen wir in unseren Sonntagsanzügen im Garten spielen und dürfen nicht mit den älteren Jungs zur Flugshow.

Ein paar Kilometer entfernt lässt ein nicht mehr ganz junger Mann seinen Gartenschlauch sinken. Es ist die Bewegung eines finalen Scheiterns. Die Rabatten und die violetten Buschröschen pumpen nass. Die Sonne hat sich bereits über den Dachfirst geschoben und steht jetzt so, dass die Akazien und Kirschbäume kaum Schatten werfen. Aus den anderen Vorgärten weht leise Musik herüber. Der Mann streicht sein schlichtes Baumwollhemd mit kleinen Bewegungen glatt, rote Pferde sind daraufgedruckt, dann umrundet er das Haus, das mit den Jamesie-Rabatten zur Straße hin ein wenig gepflegter aussieht als der hintere Garten. Er geht dabei ein wenig gebückt, er sieht in jedes Fenster hinein, und um das zu tun, beschattet er die Augen mit seinen Handflächen. Es ist nicht ganz klar, warum er das macht. Schließlich steigt er in einen silbernen Kadett, der bis vor kurzem noch mit einer Plastikplane abgedeckt unter dem Carport stand.

Wir sitzen auf Holzbänken im Garten und starren in die Kamera von Moische Stieglitz. Das ist der Fotograf, der im Dorf ganz hinten bei den Baracken wohnt. Es ist kurz nach vier. Papa ist nicht gekommen. »Ihr könnt das drehen, wie ihr wollt«, sagt Helen, »nur macht euch nichts draus, habt ihr das verstanden.« Wir geben uns Mühe. Wir versuchen nett zu sein. Wir haben alle möglichen Spiele gespielt, Himmel und Hölle, Würstchenschnappen und Tratze. Wir haben Torte gegessen und den Hasen gefüttert, und eigentlich warten alle nur noch auf die riesengroße Überraschung, die Jackson angekündigt hat. Moische Stieglitz drückt ab. Ein, zwei Frauen, die ich nicht kenne, sitzen auf der Terrasse und trinken Kaffee. Ihr Lachen weht zu uns herüber. Sie hören Transistorradio, und gerade singt Bill Ramsey ein Lied über eine Mausefalle, die mitten in Paris steht.

Im Baumarkt geht der nicht mehr ganz junge Mann durch die Regalreihen die mit allen möglichen Ersatzteilen für Heim und Garten bestückt sind. Er bleibt immer wieder stehen und berührt Werkzeuge und Zubehör, ohne etwas in seinen Wagen zu legen. Manche Gegenstände streichelt er sogar. Wer ihn länger beobachtet, bekommt das Gefühl, dass er sich sehr gut mit diesen Dingen auskennt. Die Sektion mit den Gartenschläuchen scheint ihn besonders zu interessieren. Er nimmt einige Spritzaufsätze in die Hand, prüft die verschiedenen Anschlüsse. Schließlich entscheidet er sich für eine Spitzhacke und eine hydraulische Pumpe. Außerdem kauft er achtzehn Quadratmeter Teichplane, die er sich von einem rotblonden Teenager mit Aknenarben zum Auto tragen lässt. Am Hotdog-Stand bei den Parkbuchten stehen einige Leute. Ein Mädchen rennt mit einem Luftballon in

der Form eines Einhorns vorbei. Der Wind fährt in die Hagebutten-
sträucher und plustert die Baumarktfahnen.

Um sieben sind auch der Pastor und die Herschingers gegangen. Das
sind die, die immer am längsten bleiben, wenn eines der Kinder Geburtstag hat. Der Garten ist leer und Jackson ziemlich geknickt. Wir
sitzen auf der Terrasse und stochern in den Resten seiner Geburtstags-
torte. Dazu lassen wir den kleinen Aufzieh-Jetta hin und herfahren.
Das ist Jacksons Geschenk. Er hat den Jetta von den Schwestern bekommen, silbern ist er auch, bloß bleibt er immer wieder stehen, weil
das Tischtuch in der Mitte so dicht mit Kuchenbröseln übersät ist.
Das schafft der Motor nicht. Es sind schon ein paar blasse Sterne im
Himmel. Helen ist dabei, das Geschirr zusammenzuräumen. »Hey,
Großer«, sagt sie, »nicht traurig sein. Dein Papa kommt bestimmt
bald mal und sieht nach euch. Allerspätestens im nächsten Jahr. Das
ist sicher.« Sie hat ihre Hand auf Jacksons Schulter gelegt und streicht
ihm dann die Haare aus der Stirn. Jackson schiebt das Auto hin und
her, bis der Aufziehmotor knackt. Seine Lippe bebt ein bisschen und
jetzt untersucht er angestrengt die Unterseite des Wagens. Eigentlich
will ich ihn umarmen, aber dann denke ich, dass ihm das vor Helen
vielleicht nicht Recht wäre.

Dann wache ich auf. Unser Zimmer ist seltsam erleuchtet und ich
brauche ein bisschen, bis ich mich zurechtfinde. Eigentlich muss ich
ziemlich dringend aufs Klo, aber in unserem Stockwerk sind keine Toiletten. Ich müsste die Treppe runter, in den dritten Stock zu den älteren Jungs. Das ist weit, und das Haus ist dunkel. Also horche ich in
mich hinein, versuche festzustellen, wie dringend es ist, und das ist ja
nicht immer ganz einfach zu sagen. Dann höre ich das Geräusch zum
ersten Mal. Es ist ein seltsames Summen, und als es sich in regelmäßi-
gen Abständen wiederholt, wird mir klar, dass es nicht aus dem Haus,
sondern irgendwoher von draußen kommt. Jackson hat sich frei ge-
strampelt. Er liegt ganz verrenkt und mit offenem Mund an der Wand.
Seine blaue Decke, auf der Astronauten und Satelliten fliegen, hängt

halb auf dem Linoleumboden, und ich kann den Jetta in seiner geschlossenen Faust erkennen. Etwas wird sich verändern, denke ich mir, und dann streife ich ebenfalls meine Astronautendecke zurück, stehe auf und gehe langsam zu den Gardinen, die sich weich und hell vor dem offenen Fenster bewegen.

Unter der Blutbuche steht ein Mann. Ich kann es ganz deutlich sehen. Er hat sich auf einen Spaten gestützt und hält den Kopf gesenkt, als ob er ausruhen würde. Das seltsame Licht kommt von einem Standscheinwerfer, der das Loch ausleuchtet, und obwohl ich mir das eigentlich nicht vorstellen kann, bin ich sicher, dass er es ausgehoben haben muss. Es ist ein riesiges Loch, das da neben der Blutbuche gähnt. Jacksons buntes Happy Birthday-Band schwingt immer noch sanft im Wind. In den Büschen sind jetzt wieder die Grillen. Neben dem Loch liegen im Abhub einige Koffer und eine Unmenge weißer Blumen. Ich verstehe nicht, was ich da sehe.

Das Gras ist kühl und nass vom Nachttau. Nur vom kurzen Weg über die Terrasse ist meine Pyjamahose feucht bis hoch zu den Knien. Ich kann richtig merken, wie sich der Tau in den Stoff einsaugt, bis die Hose schwer und kalt an meinen Beinen klebt. Mit einem Mal dreht sich der Mann um, und als er mich bemerkt, zuckt er ganz leicht zusammen und grunzt. Ich knipse die Taschenlampe an und leuchte ihm direkt ins Gesicht.

»Was machen Sie da?«, frage ich ihn fest, aber meine Stimme macht nicht so ganz, was sie soll. »Nach was sieht es denn aus? Hm?« Er lacht leise, und irgendwie muss ich da an Murmeln denken. Es ist ein klickerndes Geräusch.

»Sind Sie einer von den Gartenarbeitern?«, frage ich ihn. Er streicht sich mit kleinen Bewegungen das Hemd glatt, während er mich unter seinem Hut hervor ganz komisch ansieht.

»Wie heißt du?«, fragt er dann. »Hast du nicht Angst, so allein mitten in der Nacht? Wenn ich du wäre, hätte ich Angst, so ganz allein.«

Ich habe nur ein bisschen Angst, deshalb sage ich: »Ich bin Jackson, und ich habe keine Angst.«

»Jackson? Aha.«

Ich will wissen, warum er ein Loch gräbt.

»Hast du das von den Bären gehört?« Er versucht, sich mit der Hand gegen das Licht zu wehren, also mache ich die Taschenlampe aus. »Die Bären kommen aus Russland, weißt du. Oder aus Polen. Ist ja auch egal. Vielleicht kommen sie auch hierher. Da habe ich mir gedacht, dass ich einen Teich bauen will. Vielleicht freuen sich die Bären über einen Teich, meinst du nicht, dass denen so ein Teich gefallen könnte?«

»Und wo kommen Sie her?«

»Von draußen. Und weißt du, Jackson, ich soll dich schön von deinem Vater grüßen. Ich heiße Barney Hoo und er hat mich gebeten, dir zu sagen, dass es noch ein wenig dauern wird, dass er da, wo er jetzt ist, noch nicht weg kann. Aber er denkt an euch. Auch an deinen kleinen Bruder. Verstehst du das?«

Ich bin in Barneys silbernen Kadett eingestiegen, einfach, weil es sich wie eine gute Idee angefühlt hat. Auf der Fahrt habe ich ziemlich viel über ihn erfahren. Er erzählte die ganze Zeit: als wir bei der Tankstelle hinter dem Heim getankt haben, als wir auf die Autobahn rauf sind, und auch später noch, als sich die Dunkelheit aufgelöst hatte und der Himmel ganz seltsam grau geworden war. Barney Hoo hat's nicht einfach gehabt im Leben. Das hat er öfter gesagt. Aber er hat auch immer gesagt, dass man sich über das Leben nicht beschweren dürfte, denn dafür sei es zu kurz. Dann fragte er mich, was ich heute erleben wollte. Und die Wahl ist mir natürlich nicht schwer gefallen.

Als wir bei der Airshow ankommen, sehe ich die ganzen Wimpel. Rote und blaue und silberne Wimpel, die unregelmäßig in der Sonne aufblitzen. Der Parkplatz vor den Hangars ist voller Autos, und auch sonst ist eine Menge los. Es ist ein bisschen Wind, und ich fühle mich gut. Auch Barney ist ganz aufgeregt. An einem Stand hat er Popcorn und Limonade gekauft, für sich ein Käsebrötchen und ein kleines Bier, und die Dame, die hinter uns in der Reihe stand, hat mir plötzlich von hinten die Hände auf die Schultern gelegt und gemeint, ich sollte besonders auf die Patrouille Suisse achten, das sei der krönende Abschluss, und ihr Sohn sei ja Pilot und würde nichts lieber tun, als fliegen. Sie hatte ziemlich viel Lippenstift, der auch ein bisschen auf ihre Vorderzähne abgefärbt war.

Wir bekommen Plätze in der ersten Reihe auf der Tribüne. Man kann direkt aufs Flugfeld sehen. Es ist sehr laut, wegen der Turbinen, und man kann schon einige Maschinen sehen: ein roter Doppeldecker wird gerade betankt, überall sind Mechaniker in grauen Overalls unterwegs, alles auf dem Flugfeld ist in Bewegung, und die Leute winken und lachen.

Es werden immer mehr. Viele haben kleine Fähnchen dabei und überall duftete es nach gebrannten Mandeln oder Würstchen mit Senf. Es sind richtig viele Menschen, und sie alle sind gekommen um die Flugshow zu sehen. Barney hat ein Programm gekauft, in dem die verschiedenen Akrobatiken aufgezählt sind, und die Piloten, die sie fliegen. Alle stehen sie in dem bunten Faltblatt vor ihren Maschinen und lächeln oder winken sogar, darunter stehen die Namen der Flugzeuge: *Saab Gripen* steht da und *Hawker Hunter T. Trainer* und auch eine *Junkers Ju 52*, und auf die freut sich Barney besonders. »Die Tante Ju«, sagt er immer, »die kenn ich noch von früher.« Dann begrüßt uns eine Stimme über die Lautsprecher, die überall entlang der Tribüne an Holzmasten hängen. Alle winken mit ihren Fähnchen und die Wynavally Jazzband, die stand auch im Programm, spielte einen lebhaften Tusch.

Als der rote Doppeldecker von der Landebahn abhebt, legt Barney seinen Arm um mich und sagt dann irgendwie feierlich: »Das ist dein Geburtstag, Jackson! Das ist also dein Geburtstag! Ich hoffe, er gefällt dir.« Und er hat diese Worte auch öfter noch wiederholt, und manchmal wollte ich es Barney da sagen, dass ich gar nicht Jackson war. Aber er war so aufgeregt. Aus den Augenwinkeln habe ich immer wieder gesehen, wie er mich angeschaut hat, und dann habe ich meistens zu ihm hoch gesehen, und wir beide haben gelächelt. Er hat mir die verschiedensten Dinge gezeigt, so um uns herum – die Schulklasse mit den blauen Mützen, einen kleinen Hund, den eine junge Frau auf dem Arm trug, die Löschfahrzeuge, und eine Haubitze, die zwischen den Hangars halb von einer Decke mit Laub bedeckt war. Ich habe immerzu genickt und gesagt: »Ja, Barney, du hast Recht: das ist also mein Geburtstag. Und es ist wunderbar, ihn mit dir zu verbringen.«

So ist es gewesen. Das war Barney Hoo. Nachdem die Show zu Ende war fuhr er mich ins Heim zurück. Ich habe ihn nie wieder gesehen. Und auch heute weiß ich nicht genau, ob mich dieses Erlebnis glücklicher oder trauriger gemacht hat, aber das ist wohl nicht immer ganz einfach zu sagen. Und vielleicht ist das auch ganz gut so.

KOMM, KLEINER TOD
Frédéric Valin

Bei ihr ist sie schön. Sie liegt ihr ganz nahe, den Arm um den Nacken, der kompakt ist wie ein Stück Schwarzbrot. Bei keinem Menschen hat sie sich je so selbstverständlich gefühlt wie hier, an ihrer Seite. Die Wärme des kleinen Körpers gibt ihr eine Geborgenheit, die sie lange schon nur noch hier findet. Ihr Kopf wird ganz leicht, der bisherige Tag zerstreut sich wie ein Schwarm verschreckter Fliegen. Aber immer, wenn sie im Begriff ist wegzudämmern, ihre Atemzüge regelmäßiger, die Bilder in ihrem Kopf wirrer und bunter werden, dann plötzlich zucken Doris' Arme unkontrolliert nach oben und fallen kraftlos wieder zurück. Gleich darauf beugt sich ihr Nacken nach hinten, sie schreit kurz: Oh! und reißt die Augen auf.

Dann legt sie ihre Hand auf Doris' Wange, um sie zu beruhigen. Doris atmet zweimal unruhig, sie hat sich wohl erschreckt, und sinkt in ihr Kissen zurück, den Kopf noch immer nach hinten geklappt, den Mund leicht geöffnet; langsam, langsam wird sie ruhiger.

Sie sieht Doris' Gesicht, sie sieht die Zeichen: der unsicher schweifende Blick jener, die viel liegen, die plötzlichen Stimmungsumschwünge, die maroden Zähne. Alzheimerdemenz bei Downsyndrom, ein Klassiker. Wenn Doris gähnt, kann sie die innenliegende zweite Zahnreihe sehen, völlig intakt, seit Jahrzehnten bereit herauszuwachsen. Wie fühlt sich das bloß an, ein Leben lang Milchzähne? Was mag ihre Zunge Tag für Tag spüren, wenn sie den Gaumen entlangfährt?

Aus den Boxen kommt türkische Musik. Ihr zweiter Name ist Delal, ihr Vater stammt aus der Türkei, *Diyarbakır* steht in der Akte. Die Mutter sagte, als Kind sei sie viel beim Vater und dessen Familie gewesen, alle Ferien hindurch. Sie beherrscht einige Sätze und Redewendungen, die sie dort aufgeschnappt haben muss. Sie soll der Liebling des Großvaters gewesen sein, so hieß es, und sie war ja auch bezaubernd. Als Doris dann hier einzog, hat sie sich bei einem online-Sprachkurs ein paar Wörter antrainiert, iyi günler, selam, nasilsin. Doris legt immer den Kopf schräg, wenn sie das gehört hat, wie ein Hund, der im Fernsehen eine Katze sieht.

Sie hat ihr auch türkische Musik besorgt, auf einem Flohmarkt hat sie eine CD von Ozan Arif gefunden, die Hälfte der Lieder hören sich wie Predigten an. Am Anfang hat sie gelacht bei der Vorstellung, dass das eine echte Sprache sein könnte; das klang alles wie ausgedacht, die harten Silben, die Umlaute, das Staatstragende dieser Sprache, als würde ein Dreijähriger versuchen, einen Präsidenten zu imitieren.

Sie kennen sich schon seit 25 Jahren, da war die Doris 32 und zog mit ihrer Mutter in die Nachbarschaft. Damals war sie ein echter Wildfang, immer zu Scherzen aufgelegt, das ganze Dorf hat sie auf Trab gehalten. Wenn man vom Einkaufen kam, hat Doris einem immer das Obst aus der Tasche zu klauen versucht. Manchmal hat sie sich ganze Nachmittage im Wald versteckt und sich darüber gefreut, dass man sie sucht. Die fröhliche Doris nannten sie alle, das war ein feststehender Ausdruck. Als sie älter wurde, die Schritte langsamer, die ersten Stürze folgten, der Oberschenkelhalsbruch, da kam sie hier her auf Station, wo man sie versorgen konnte.

Sie glaubt, Schritte zu hören draußen vor der Tür, sie klettert schnell aus dem Bett. Die Tür ist abgesperrt, man kann nie wissen. Was würden die anderen sagen, wenn sie die beiden so sähen? Nichts Gutes. Man darf tagein, tagaus bei der Intimwäsche an fremden Penissen, fremden Kitzlern herumreiben, aber sich dazulegen, wenn einer nicht mehr kann, das darf man nicht. Es ist ja nicht notwendig. Man muss ja auch Abstand halten. Irgendwann einmal, das ist ihr klar, wird sie entdeckt werden. Die Möglichkeit, dass Doris vorher stirbt, ist ihr nur theoretisch bewusst, ganz so, wie man vom Jupiter weiß: Da wird wohl irgendwas in undefinierter Entfernung sein, man redet darüber, aber im Grunde geht es einen nichts an. Es ist nur ein buntes Bild in einem Kinderheft.

Sie steht auf und öffnet Doris' Windel: kein Stuhlgang. Dann geht sie ins Bad, eine Schüssel holen, in die sie Wasser einlässt. Sie fühlt die Temperatur, lauwarm rinnt es ihr Handgelenk hinunter über die Fingerspitzen. Ihre Hand ist die einer jungen Frau, feingliedrig, zart und beweglich, Größe S. Im Regal neben dem Bett sieht sie Packungen von Plastikhandschuhen liegen. Sie ist angehalten, sie zu tragen, zum Schutz vor Ansteckung, heißt es. Aber sie weigert sich. Sie trägt Handschuhe nur, wenn Doris eingekotet hat, sonst kommt sie so zurecht. Doris hat keine übertragbaren Krankheiten, nur ein bisschen Fußpilz, wovor also Angst haben? Ist sie denn eine Krankenschwester, die sich ekeln muss vor dem Symptomebündel, das vor ihr liegt? Es gibt wenige Menschen, die ihr so vertraut sind wie Doris, soll sie denn nun, da Doris nicht mehr kann, Distanz halten? Gerade jetzt, wo Doris nichts mehr versteht außer Nähe. Noch ist sie nicht tot.

Und Doris hatte immer schon das Bedürfnis nach Nähe. Früher verging keine halbe Stunde, ohne dass sie jemanden umarmt hat; und wurde sie zurückgedrückt, wanderten ihre Hände flugs unter den Pullover. Vielen gefiel das nicht, warum nur? Sie hatte damals ganz raue Finger, wie ein Bergbauarbeiter, und wenn sie einem den Rücken entlangstrich, begann es an allen Stellen zu kribbeln, überall, vom Hals bis in die Oberschenkel. Sie hatte wunderbare Hände! Und sie hat sich immer gefreut, wenn es ihr gelang, ein Stück Haut zu erhaschen; ganz so, wie sich kleine Kinder freuen, gibt man ihnen Schokolade. Man sagte ihr: »Lass das«, schob ihre Hand zur Seite und sie wieherte vor Lachen.

Aber es ist immer gefährlich, den Menschen hier zu nahe zu kommen, das gilt als unprofessionell. Wofür schon Leute gefeuert worden sind! Dafür, ein Aufklärungsheft herumliegen gelassen zu haben, darüber spricht man doch nicht mit Christenkindern. Das beste wäre, es gäbe überhaupt keinen Sex und Kinder schlüpften einmal im Jahr aus Kohlköpfen, dann könnten kommende Eltern aufs Land fahren und sich ihr Blag ernten. Die Organe da unten, die haben ausschließlich Ausscheidungszwecken zu dienen, alles andere ist überflüssig. Deswegen gibt es nur wenige hier, die wissen, was passiert, wenn man sich hier und da ein wenig anfasst. Denen, die wissen, kann man es nicht verbieten, aber man darf es ihnen nicht zeigen: dieses Haus ist ein lustleerer Raum.

Doris musste man nicht zeigen, wie man masturbiert, das hat Doris von ganz allein herausgefunden. Früher ist sie nachts immer über die Gänge geschlichen, in Peters Zimmer, und am nächsten Morgen waren beide oft sehr müde. Sie wusste das alles, da musste man sich keine Sorgen machen. Doris hat sehr viel Spaß an sich gehabt.

Und jetzt liegt er da, der arme, geschundene Körper, wie ein Blatt Papier, völlig ausgeliefert. Es gibt jene, die ein wenig grober sind, die mit festem Griff und kraftvollen Gesten waschen: es geht ja darum, sie sauber zu halten. Menschlichkeit ist eine saubere Windel. Niemand soll in seiner Scheiße liegen, das ist es, was zählt.

Aber die meisten juckt es nicht mehr, wenn sie in ihrer Scheiße liegen, das spüren sie gar nicht mehr. Sie liegen in ihren Betten und ziehen sich zusammen wie eine Nacktschnecke, die man mit dem Stecken anstupst. Sie haben kein Gefühl mehr in den Extremitäten, ihr Blut hat sich in der Mitte gesammelt, um die Organe zu versorgen. Ganz wie Erfrierende vergessen sie, dass es Arme und Beine gibt; die kribbeln am Anfang noch kurze Zeit, als würden sie einschlafen, und dann, recht schnell, ist die Körpergrenze nur noch eine vage Erinnerung. Unmöglich zu wissen, wo man beginnt, wo man aufhört, es gibt keinen Unterschied mehr zwischen Leib und Umgebung. Die Auflösung beginnt, lange vor dem Aussetzen des Herzschlags.

Zurück an Doris' Bett legt sie ein kleines weiches Handtuch ins Wasser; es schwimmt eine kurze Zeit obenauf, dann sinkt es sanft Richtung Schüsselboden. Sie nimmt es und wringt es langsam aus, einige Tropfen laufen ihren Unterarm entlang, ein leichter Schauer durchfährt sie, sie zieht die Schultern hoch und legt den Kopf zur Seite. Doris sieht unverwandt zur Decke.

Sie nimmt Doris' Arm und lässt sie das Wasser fühlen; im ersten Moment zuckt Doris zurück und sieht sie hilflos an, dann atmet sie laut aus und streckt sich. Sie streicht ihr die schweißnassen Haarsträhnen aus der Stirn, ihre Haut ist ganz spröde, wie angerautes Plastik. Dann greift sie das Handtuch und beginnt, Doris' Körper nachzuspüren: sie legt es vorsichtig auf ihr Schlüsselbein und fährt langsam den Arm entlang, erst außen, dann, in der Achsel beginnend, innen; Doris hat dort fast keine Haare, nur blonden Flaum, darunter zeichnet sich zart eine Gänsehaut ab. Die Arme sind weich wie warmes Fladenbrot, sie braucht sie nicht mehr, ihr ganzes Körper ist schierer Luxus.

Doris hat kleine, weiche Brüste, mit feinen Falten um die Warzen. Ihr Torso hat die Form einer Birne, alles ist rund an ihr, man könnte mit einer Geste die ganze Doris umfassen, in einer Bewegung sich um sie legen wie ein Mantel.

Sie fährt den Beckenkamm entlang, Doris wird ganz still, ihre Bauchmuskeln ziehen sich erwartungsvoll zusammen. Während sie ihre Hände zu Fäusten ballt, öffnen sich ihre Beine; da beginnt sie, die Innenseite der Schenkel zu waschen, von unten nach oben, Richtung Bauch, immer mit leichtem Druck. Je länger das geht, desto häufiger greift Doris in die Luft, bald schon aber legt sie ihre Hände rechts und links des Bauchnabels; gleich wird sie zu zittern beginnen, leicht erst, dann immer schneller, im Takt der Atmung. Manchmal windet sich der kleine Körper und bäumt sich kurz auf; man selbst atmet auch schneller, es ist anstrengend, den Rhythmus zu halten. Schweißperlen bilden sich auf Doris Stirn, während im Hintergrund Ozan Arifs wein-schwere Stimme salbungsvolle Dinge sagt. Dann macht Doris ein letztes Mal »Uaarh« und sinkt in ihr Kissen zurück.

»Besser als Sport«, sagt sie und lächelt, während Doris die Augen schließt und hörbar ausatmet. »Xudao«, antwortet Doris. Könnte Frühstück heißen.

FAME
Anna-Kathrin Warner

»Kommt ihr jetzt oder was«, sagt Nellja. Sie bewegt sich den Bahndamm entlang in Richtung Brückenpfeiler. Es ist erstaunlich, wie
sicher ihre Füße sind. Ohne zu stolpern, läuft sie über die Schwellen.
Ercan und ich folgen ihr, unsere eigenen Füße im Kegel der Taschenlampe.

Der Pfeiler ragt hoch über die Gleise. Der Abhang ist steil und von
Büschen bewachsen, oben führt eine Straße entlang. Der Himmel ist
etwas heller als die Schneise zwischen der Böschung, auch bei Nacht.

Für Nellja macht das keinen Unterschied.

»Das schaffst du nicht«, hat Alex gesagt.

»Wetten«, hat Nellja erwidert.

»So hoch oben, das ganze Piece, in einer Nacht. Du bist nicht mehr
dabei, Nellja. Es kommt keiner mit, weder Ercan noch Jonas. Lass einfach die Finger davon.«

»Dann eben nicht. Ich mach's allein.«

»Schick mir ein Foto. Das schaffst du nicht«, hat er wiederholt.

Der Nebel legt sich über alles, er verwischt die Konturen, die nächtlichen Umrisse der Bäume und Büsche, er zerfasert das Licht der Stra-
ßenlaternen. Nellja packt mich an der Schulter. Auf ihrer Haut liegen
feine Tröpfchen. »Sag, dass es mir gelingt!« Die Wut, die früher aus
ihren Augen blitzte, jetzt blitzt sie allein aus ihrer Stimme und ihre
Augen schauen mich leer an. Nur ein Funke glimmt noch darin. Ihre
mageren Züge, die Haut über die Knochen gespannt, die Narben
geben ihr ein verwegenes Aussehen.

Ich nicke.

»Glaubst du es nicht?« Auf einmal knickt ihre Stimme ein, einen ganz kleinen Moment nur.

»Doch, ich glaube es«, sage ich laut. »Und morgen schicke ich Alex die Pics.«

Als sie im Krankenhaus lag, nach dem Unfall, saß Alex zunächst jeden Tag an ihrem Bett. Er wippte mit dem Fuß, das Handy in der Hand. »Hey, Prinzessin, halt durch«, sagte er und wischte dabei nervös über das Display. Manchmal hielt er es ihr hin: »Hier«, und beschrieb ihr die Pics der anderen Writer. Dann blieb er immer öfter weg. Mega-Stress, das wüsste sie ja, Abendschule, Job, er hätte halt ultra viel zu tun. Die Ringe unter seinen Augen schienen das zu bestätigen. Aber Nellja wusste auch so, dass er nachts unterwegs war, um zu sprayen.

Am Sockel des Brückenpfeilers hält Nellja inne. Zwanzig Meter ragt er empor. Schwarzer Beton, ein paar Tags darauf, sonst nichts. Für einen Moment wirkt Nellja erschöpft. Ich will ihr die Hand auf den Arm legen, irgendetwas Tröstendes sagen, aber mir fällt nichts ein. Sie schickt Ercan zum Scouten voraus.

Im Krankenhaus fiel mir meistens auch nicht so viel ein. Aber sie nicht zu besuchen, kam nicht in Frage. »Cooler Verband«, sagte ich. Nellja lächelte unter der weißen Binde über ihren Augen. Die Haut auf ihren Wangen vernarbte langsam und auch die Augenbrauen wurden wieder dichter. Eines Tages war der Verband ab. Es war, wie in einen Abgrund zu blicken.

»Glotz nicht«, sagte sie, »das kann ich sehen.« Dann drehte sie sich weg.

Ich war es, der sie aufgehoben hatte, als Nellja zu nah an die Oberstromleitung geraten und vom Waggon gestürzt war. Ercan hatte den Notarzt alarmiert. Woher der Stoß gekommen war, hatten wir nie herausgefunden. Der Zug hätte plötzlich einen Ruck gemacht, hatte Alex gesagt.

Ercan pfeift. Es ist alles in Ordnung. Nellja hat ihn zum Mitkommen erst überreden müssen. »Das geht gar nicht«, hat Ercan immer wieder gesagt, »ey, was glaubt ihr, was der mit mir macht. Der schmeißt mich gleich mit raus.«

»Komm«, hat Nellja gesagt. »Es merkt ja keiner. Diese eine Nacht. Du bist jetzt in meiner Crew.«

»Was krieg' ich dafür«, hat Ercan gefragt, aber es klang nicht sehr überzeugend und Nellja antwortete nicht darauf.

Ich bin für das Fill-In zuständig, das Ausmalen der Outline. So hat Nellja es sich jedenfalls vorgestellt. »Das wirst du wohl noch hinkriegen, Jonas, oder? Guck dir halt das Blackbook an, dann weißt du, wie es am Ende aussehen soll.« Die Skizzen hat sie vor ihrem Unfall gezeichnet. Jetzt verlangt sie von mir, dass ich es ausmale, ihr Masterpiece. Am nächsten Tag, wenn sie wieder in der Klinik liegt, soll ich es fotografieren.

»Das wird 'n Burner«, murmelt sie.

Nach acht Wochen bestellte Nellja Alex in den Imbiss gegenüber der Klinik. Dort saß sie vor einem Plastikbecher Kaffee, ohne ihn anzurühren, und wartete auf ihn. Alex tauchte mit rot unterlaufenen Augen auf und grinste. »Hi.« Er gab ihr einen Kuss auf die Wange, als wenn nichts wäre. Dann fuhr er sich mit den Fingern durchs Haar und griff ihr unter den Pullover, aber Nellja fragte nur: »Und, was plant ihr als Nächstes?« Da guckte Alex sie an, sprang auf und schüttelte den Kopf: »Du bist raus, Nellja, das geht nicht mit jemandem, der nichts sieht. Sorry.«

»Ich bin die Beste«, sagte Nellja.

»Du warst die Beste«, erwiderte Alex.

Da ging Nellja. Geradewegs durch die Tür auf die Straße. Dort machte sie kehrt und ging wieder hinein. »Ich nehm die Brücke.«

Aber Alex lächelte nur müde auf sie herab. »Wetten, du schaffst es nicht?«

»Und wenn doch?«

»Bist du die Queen.« Er versuchte noch einmal, sie zu küssen, aber Nellja schob ihn weg.

Kurz darauf rief sie mich an. »Heute Nacht«, sagte sie, »wir treffen uns um halb zwei.«

Alex schrieb sie eine Nachricht: Wart's ab.

Am Abhang strauchelt Nellja und rutscht auf dem feuchten Gras abwärts, dann fängt sie sich und klettert erneut hinauf. An der Straße pfeift Ercan leise vor sich hin. »Sei mal still«, fährt Nellja ihn an.

Sie setzt ihren Rucksack ab und öffnet ihn. Ihre Bewegungen sind schnell und konzentriert. Sie streift Gummihandschuhe über, zieht eine Dose hervor und schüttelt sie. Die Kugel zum Aufmischen klackert rhythmisch. Nellja drückt die Kappe weg. Sie fingert einen anderen Sprühkopf aus der Tasche und setzt ihn auf.

Alle zucken wir zusammen, als sich ein Auto nähert. Nellja schnappt ihren Rucksack, wir werfen uns ins Gebüsch, denken, es fährt vorüber. Doch es bremst, zwei Männer steigen aus. Ercan verliert die Nerven, er springt auf und hechtet den Hang hinunter, um über den Bahndamm zu entkommen.

Mein Herz rast, abgestützt auf Händen und Ballen erhebe ich mich einige Zentimeter. Nellja legt mir den Arm auf den Rücken und drückt mich nieder. Ihr Arm ist erstaunlich kräftig. Sie lässt ihn liegen, während sie selbst an den Boden gepresst daliegt und ihren Kopf schräg hält. Sie horcht angespannt.

Ich schließe die Augen. Spüre die Wärme an meiner Seite.

Das Knirschen des Schotters zwischen den Schienen, Ercans Keuchen, die Rufe der beiden Männer. »Polizei!«

»Hoffentlich hält er dicht«, murmelt Nellja.

Ercan beschwert sich lauthals: »Ich hab nichts getan, ey, lasst mich los!« Es scheppert metallisch, das sind Ercans Sprühdosen, eine ganze Ladung hat er dabei. Weitere Fetzen einer Diskussion, dann kommen sie hoch zur Straße, steigen ins Auto, die Türen schlagen, der Wagen fährt davon.

Nellja erhebt sich und klopft ihren Sweater ab. Sie wendet mir ihr Gesicht zu, ihre Blicke sind tastend, ihr Mund ist schmal. Doch ihre

Hände greifen entschlossen zu, holen die Cans aus dem Rucksack, stecken sie in einen Leinenbeutel. »Ich mach's alleine. Du musst jetzt 'n Blick auf die Straße werfen. Schaffst du das?«

»Logo«, sage ich.

Sie zieht ein Gewirr von Seilen hervor, Klemmen daran, Verschlüsse. Sie sortiert die Gurte und beginnt, sie sich umzulegen, schlüpft mit ihren Armen in die Schlaufen.

Ich trete auf sie zu, um zu helfen, aber Nellja hebt abwehrend die Hand. »Du checkst die Lage. Das ist alles. Verstanden?« Ihr Blick ist nach innen gerichtet, sie denkt nur an das Piece, das sie gleich auf die Betonmauer sprühen wird.

Ich will sie halten.

Aber Nellja schwebt schon. Die Füße stemmt sie gegen die Mauer, die schwarze Maske hat sie über den Kopf gezogen, den Beutel um die Hüfte gebunden, darin die Cans. Nellja hat vorgesorgt, sie sind mit dicken Klebestreifen markiert, schwarz, rot, blau und braun. Zwanzig Meter unterhalb des Pfeilers ist es stockdunkel. Dort verlaufen die Gleise.

Ich hocke mich an den Straßenrand, halb verborgen im Gebüsch, und beobachte die Fahrbahn. Sperre die Ohren auf, versuche alle Geräusche zu erfassen.

Nellja hängt an der Wand und führt ihren Arm im Bogen daran entlang, sie benutzt den linken, von oben nach unten, hin und her. Nur das Zischeln des Sprühkopfes ist zu hören, das Schaben ihrer Sohlen auf dem rauen Untergrund.

Die Feuchtigkeit kriecht mir in den Kragen, ich ziehe die Kapuze fester zu. Nellja sollte eigentlich im Krankenhaus sein. Übermorgen steht die nächste Operation an. Sie packen ihr eine neue Hornhaut ins Auge. Das haben sie schon mal gemacht, aber da ist sie nicht so richtig angewachsen. »Morgen früh bin ich ja wieder da«, hat sie gesagt. »Die müssen jetzt warten. Diese eine Nacht. Was macht das schon.«

An der Straße ist es still, nur das nahe Industriegebiet ist zu hören, irgendwelche Maschinen, Lastwagen, auf die etwas verladen wird.

Gelegentlich das Rascheln von kleinen Tieren in den Büschen, vermutlich Ratten.

Ich bin fast eingeschlafen und schrecke auf, als ich Nelljas Stimme höre. »Fertig.« Sie steigt hinauf auf die Brücke, klettert über das Geländer, sammelt die Vorrichtung zusammen, steckt sie in ihren Rucksack und rutscht die Böschung hinunter, ohne sich nach mir umzusehen.

Als wir nebeneinander auf dem Gleisbett stehen, zieht sie die Maske vom Kopf. Ich richte die Taschenlampe auf die Mauer.

»Wie ist es?«, fragt Nellja.

»Perfekt«, sage ich.

Triumph schwingt um ihre Mundwinkel.

Das große Gesicht, das eine Indianerin darstellen soll, ist verwackelt wie in einem Zerrspiegel. Statt der blauen hat Nellja die silberne Sprühdose benutzt, statt der roten die braune.

Ein metallisches Sirren ist zu hören, fein, aus weiter Ferne.

»Es ist perfekt«, wiederhole ich.

Nellja nickt zufrieden. Sie zieht die Handschuhe ab.

»Gewonnen?«

»Gewonnen.«

Ich schaue das Gesicht an und ich schaue Nellja an.

Ein Rauschen. Der Zug. Er ist eher da, als ich dachte.

Nellja ist schneller als ich. Sie fasst meine Jacke und reißt mich beiseite. Wir rollen vom Gleisbett hinunter. Der Zug schießt direkt über unseren Köpfen vorbei, der Fahrtwind zerrt an unseren Klamotten.

Als er vorbeigedonnert ist, richte ich mich auf.

Die Kriegerin, dort an der Wand. Windschief, die Outline verzerrt, die Fillings ragen über den Rand. Ihre Haare stecken in einem Stirnband, olivbraune Haut, die Augen sind schmal, sie blickt den Betrachter silbrig an. Mit der Hand macht sie das Victory-Zeichen.

Nellja legt mir die Hand auf den Arm. »Und?«

Ich lächle. »Es ist ein neuer Style.«

Nellja nimmt eine Dose, schüttelt sie und setzt ihr Tag darunter.

DANKSAGUNG
Peter Wawerzinek

Heute hat es wieder an meine Tür geklopft und ich habe mich ganz ruhig verhalten. Ich bin da und möchte mich aber nicht melden, auch nicht bemerkt werden. Ich warte dreimal ab, dass es wieder klopft. Erst dann öffne ich. Wer zu mir will, muss hartnäckig sein. Es dauert bis ich mir den Ruck gebe. Das ist eine der ersten Schutzmaßnahmen von mir, die ich mir nach dem Schrecken auferlegt habe. Klopft es, halte ich sofort die Luft an, versteinere, stelle mich tot, wo ich gerade bin und unterlasse, was ich gerade tue, bewege mich absolut nicht in meinen Räumen. Dieses Mal sage ich mir, es kann ja nicht mehr meine neue Nachbarin sein. Und doch höre ich sie vor meiner Tür atmen; die Nachbarin, die nicht direkt meine Nachbarin war, mehr die diagonale Nachbarin schräg gegenüber von mir auf dem gleichen Etagenabsatz. Wenn ich den Müll zur Mülltonne im Hinterhof bringe, ist mir, als liefe ich ihr direkt in die Arme. Ein Geistererlebnis, mehr nicht. Sie war, das wusste ich, beim Theater tätig, hieß Gallowsky mit Übzilon, wie sie ausdrücklich betonte. Sie sagte es in einem mädchenhaften Tonfall, wie man sagen würde, dass die Weintrauben aber ganz schön große Kerne haben. Ist doch eine Unsitte, ganz widernatürlich, die Bestrebung, Namen und Bezeichnungen dieses i anzuhängen, sagte sie und lästerte; Brummi, Bambi, Bizeptmami. Erkundigte sich bei mir, ob ich gestört wäre, von ihrer Musik, die sie höre. Nicht doch, nein, sagte ich damals, schüttelte zu prompt und zu heftig meinen Kopf, verbeugte mich auch zu tief bei jedem Wort, wohl in die Zartheit ihrer tiefen Wolgastimme verliebt. Will der Mann nicht seinen Schlüssel zurück, fragt die Nachbarin mich, wenn ich kurz noch einmal an sie denke. Ja, ja. Sie verwendete das Wort Er für mich und sagte gerne Der Mann zu mir.

Ist doch komisch, wenn eine Frau so redet, denke ich heute dazu: Er ist ganz schön viel unterwegs. Der Mann, hat ja so gar nichts von seiner Wohnung. Und reichte mir den Kellerschlüssel hin, als wäre er nicht meiner. Hielt ihn eher wie eine Leckerei für einen Hund erhoben, dass ich nach ihm schnappen müsste. Nach meinem Schlüssel. Das sagt doch alles. Die Tür weit offen immer auf ihrer Schwelle stehend, ist ja auch nicht so gewöhnlich. Ohne hinzusehen, wusste man, dass sie im Türrahmen stand, ihren Kopf schief gelegt hielt und geschminkt war wie für einen pompösen Ball. Sie lobte meinen Keller – leer und unverstellt – einen guten Keller, der Möglichkeiten offen ließe. Mir war gar nicht bewusst, dass sie damit gemeint haben könnte, ihn für sich zu verwenden. Ihre Wohnung brächte sie um, sagte sie. Viel zu vollgestellt mit Plunder, dass sie sich kaum bewegen könne. Dabei habe sie vor dem Umzug reichlich ausgemistet, nicht einmal die Hälfte ihrer Kisten ausgepackt. In der letzten Zeit quälte sie sich auf den Krücken herum und veranstalte einigen Krach, bevor sie aus der Wohnung heraustrat. Woher die Verletzung stammte, niemand hat es sie gefragt, glaube ich. Sie wollte schon Aufmerksamkeit, und zugleich von sich ablenken. So schätze ich das heute ein. Jetzt, wo Sie es sagen, fällt mir das alles auf. Sie wirkte arg hilflos, kam kaum zur Wohnungstür heraus. War für mich aber zuerst eine Schauspielerin, da weiß man ja nie, was echt ist und vorgetäuscht. Aber ach, lassen wir das. Vielleicht war sie nicht einmal Schauspielerin, hat uns allen etwas vorgemacht. Sie sah für ihr Alter sehr gut aus, das gebe ich zu, und wirkte durch die Krücken gehandicapt, verstärkter auf mich, sexyer, dass mir das Herz beim Anblick stockte und einige Male auch so seltsam warm werden ließ. Ja, ich gestehe, dass ich Wallungen verspürte, wie Wehen vor dem Geburtsvorgang, ganz ungewöhnlich für einen Mann wie mich. Das mag aber auch schon an ihrem Aussehen liegen, irgendwie von mir gar nicht so bemerkt, dass sie von weither stammte. Zugegeben. Uns zu beeindrucken ist eben Teil der fernöstlichen Magie, denke ich nun darüber. Und sind wir nicht alle an unsichtbare Lebenskrücken gebunden, in unserem aufrechten Gang gehandicapt und so? Vielleicht muss ich das ja nicht sagen, aber ich muss es loswerden. Richtig ist, ich bin immer kurz davor gewesen, sie zu fragen, ob sie bereit wäre für eine Affäre in meiner oder ihrer Wohnung. Ich wollte eine Zeit lang mit ihr zusammen sein, gemeinsam frühstücken, Filme ansehen, all das, was ein Paar ausmacht, ohne dass zusammengezogen werden sollte und in eheähnlicher Gemeinschaft gelebt. Das nun ja nicht. Nun ja. Ich hätte es sehen müssen. Zu jung für mich. Aber ich dachte dauernd, woher sie kommen könnte, heiraten sie doch schon mit fünfzehn Jahren. Also. Und mit diesen Krücken am Leib rückten wir optisch und altersmäßig enger zusammen. Ja, ich gebe es zu, ich begehrte meine Gegenübernachbarin aus der Distanz. Zum Glück ist es nicht wirklich zu dem gekommen, was hätte werden können. Nicht auszudenken. Puh. Normal war das alles nicht. Schauen Sie mich an. Kaum vorzustellen. Ich lauschte am Schlüsselloch, ob sich draußen im Flur etwas ereignete, und wurde ganz aufgeregt, wenn ich das Pochen ihrer Krücken vernahm. Ich ließ alles stehen und liegen. Ich begehrte sie von der Innenseite meiner Wohnungstür her, das Ohr am Schlüsselloch, halb im Türspalt gerückt, mit heftigen Amplituden. Ich konnte mir alles mit meiner Gegenübernachbarin vorstellen. Ich war verwirrt, verzaubert, mit einem Voodoo belegt. Meine Nachbarin. Oh, weh. Wie schnell man mein, meine, meins sagt. Das sind immer noch die Auswirkungen. Ich werde weiter an mir arbeiten müssen. Ich gehe von einem sehnsüchtigen Wunschdenken bei mir aus. Ich stellte mir Dinge mit uns beiden und ihren Krücken vor, das muss sie mir angesehen und mitbekommen und dann brutal ausgenutzt haben. Ich habe sie nicht bei mir eingelassen. Sie wusste nicht von der großen Wohnküche, Vierzigquadratmeter, Kuschelecke und so. Arbeitsraum inklusive. Alles auf einfachem Niveau. Junggesellenlook halt eben. Es war aber kurz davor. Beinahe hätte es mich erwischt. Ich hatte mit Begehrlichkeit zu schaffen. Nur, seit gestern ist das Begehren aus. Ich höre sie nicht mehr weiter mit dem Schlüsselbund im Flur hantieren. Ich höre sie nicht mehr auf der Stelle hüpfen und etwas im Flur verrichten, was ich nicht einordnen kann. Ich sehe sie auch nicht mehr auf einem Bein zwischen Tür und Angel, den Schlüssel ins Schloss stecken, um die Tür abzuschließen und nach den Krücken zu greifen, wobei sie immer den Schlüssel fallen ließ und sich nach ihm bückte. Ich sehe sie so nicht mehr plastisch vor mir, und wenn, dann ist sie nicht mehr nackt wie in meinen Träumen vorher, in denen sie ständig nackt von Stufe zu Stufe hüpfte. Ich spüre sie nicht mehr in mir. Sie ist für mich unsichtbar und auch keine traumhafte Person mehr, sondern zu keiner Person geworden. Eine Niemand. Wenn ich heute zur Wohnungstür heraustrete, ist niemand sonst im Hausflur. Ich husche auch nicht mehr durchs Haus an allen Türen und dem ganzen Spuk rasch vorbei, zur Tür hinaus und wieder hinein. Ich gehe wieder aufrecht und im normalen Tempo durchs Haus. Ich stehe auch nicht mehr in meiner Wohnung, den Rücken fest gegen das Holz gedrückt, von der Begegnung mit ihr ergriffen und erwischt. Seit diesem bösen Moment von Intimität denke ich anders über uns beide. Ich denke mich da nun fest und ganz ohne sie. So weit habe ich mich bereits im Griff. Seit sie mir im Vorbeihuschen gesagt hat, welches von den beiden Beinen das künstliche ist, ist meine Verklemmung wie weggeblasen. Es hat mir nicht gleich beide Augen geöffnet, eines aber. Ich weiß, dass es mich traf. Ich weiß, dass ich es überhören wollte und auch nicht weiter hingesehen habe. Mich interessiert an anderen Leuten nicht, welcher Arm, welches Bein an ihnen nicht echt ist, und ich will auch gar nicht wissen, auf welcher Höhe ihnen eine Gliedmaße genau abgeschnitten worden und durch welche Konstruktion ersetzt worden ist, wie viele Millimeter sich in welchem Zeitraum die Sohle abnutzt. Solche und ähnliche Dinge soll mir niemand offenbaren, wie ich von den Leuten im Haus nicht wissen will, was sie zur Politik und Einwanderung meinen. Die Show mit ihrer offenen Tür a la kann doch hier jedermann wissen, wie ich wohne, ich sage es so ehrlich wie ich es nur sagen kann: ich stehe nicht mehr darauf. Ich mag ihren schief gelegten Kopf nicht mehr ertragen und diese gespielte Coolness auch nicht. Soll sie doch nach Hause gehen, denke ich fest. Ja, doch, ja. Und nur der Vollständigkeit halber erwähne ich der Behörde gegenüber, dass mir nun jedes Mal kalt wird im Treppenhaus, wenn ich nur daran denke, wie ich beinahe mein Leben lang für die Person empfunden hätte. Meine seelische Situation hat sich seither grundlegend gewandelt. Ich bin nicht mehr, der ich beinahe geworden wäre. Und eines stelle ich klar, nein, sie tut mir nicht leid. Was getan werden musste, war rechtens gehandelt. Ich stimme der Maßnahme in allen Punkten zu. Es ist weiterer Schaden verhindert, das Haus vor größerem Unheil bewahrt worden. Ich friere nicht mehr im Treppenhaus. Ich sehe den dreieckigen Ausschnitt an ihrer dünnen Bluse nicht mehr. Ich bringe ihr gegenüber auch nicht mehr die Höflichkeit auf, sie in meinem Kopf ungehindert reden zu lassen, sondern wehre mit eiserner Hand jedwede Konversationsversuche ab. Sie ist und bleibt für mich abwesend und Teil meiner ungezügelten männlichen Phantasiewelt. Wer schon sagt, dass nun hierzulande der Winter langsam anhebt und es kälter als erwartet werden wird, obwohl man den Winter gar nicht kennen kann, nehme ich einmal an, ist doch geistig verwirrt, nicht wahr. Allein die Vorstellung, dass da ein Gabelstapler kommt und eine Jahreszeit anhebt und sie durchs Jahr überall herumfährt und danach dann vor die Tore der Stadt schafft, sie dort abstellt, ist abwegig zu nennen. Ein anderer Gabelstapler karrt den grünen Frühling heran, stellt ihn mitten auf den Marktplatz. Lachhaft. Nein, nein. Ab und zurück nach Tunesien, wo ihr warm wird. Obwohl ich mich schon sehr wundere, wie gut ihr Deutsch war. Mit Bedacht so gut?, frage ich mich, ohne Antwort darauf bekommen zu wollen. Der Deckel ist besser nicht anzuheben, was da noch zutage kommen kann? Ja, nein. Ab zum blauen Meer am Wüstenrand mit ihr, in dem sie täglich dreimal schwamm und dieser, am Oberarm tätowierte Mann mit viel Rückenhaar, wie sie erzählt hat, ihr wieder hinterher schwimmen kann und um sie herum planschen wie ein treuer, am ganzen Körper braungebrannter Delphin. Mich fröstelt jedes weitere Wort, an das ich mich erinnere. Ich will dennoch zu Klärung beitragen. Oh, lachte sie, ihr Männer, ihr schlimmen, seid alle gleich, denkt nur das eine, nicht wahr. Ich hörte mir das Gerede von dem Beach-Hotel an, in dem sie Monate lang logierte, wie angenehm die Leute und unaufdringlich die Kinder in Tunesien seien. Liebe Rabauken, die betteln müssten. Stecke man einem Kind etwas zu, so wären im Nu hunderte Kinder um einen herum. Ich habe ihr nur zugehört, weil sie beim Reden oft hell gelacht hat und gemeint, sie erzähle mir das alles auch nur, weil ihre Berichterstattung eventuell etwas für den Roman sein könnte, an dem ich arbeite. Ach, werden Sie bloß nicht so rot. Ich weiß so einiges über Sie. Oh, ja, ja, hat sie gesagt. Und das allein hätte mich verblüffen und in die Lage versetzen müssen, Anzeige zu erstatten. So habe ich mich zwar schon arg verwundert, aber nichts unternommen, mir ungefragt von diesem Schwimmerlebnis und dem behaarten Delphin mit rosa Ohrklipps erzählen lassen, wie sie geträumt haben will. Überall, im Wasser, am Strand, auf der Promenade und auch auf der Strasse hoch in die Luft gesprungen sei er, immer lustig um sie herum. Den habe sie nicht verscheuchen können, ihm gesagt, dass er aufhören solle mit diesem Zirkus. Von überall her drängten sich Kinder an sie beide heran. Glückskinder, wie sie sagte, die mickrige Blumensträuße vor ihren Bäuchen hielten, die Arme angewinkelt. Die Kinder in ihren Träumen sahen sie ängstlich an und versteinerten allesamt. Standen da ganz steif wie diese Armee mit ihren tausend Kriegern aus Terrakotta. Sie werde diese Augen nicht vergessen, obwohl das ja nur Augen eines Traums waren. Augen wie bei einer Gegenüberstellung, sagte sie wortwörtlich, wenn das hier irgendwie weiterhilft. Mein Frostgefühl von vorhin wechselt in einen Dauerfrostzustand über. Ich muss unbedingt verhindern, dass mir warm wird von der vielen Sonne, dem Überschuss an Wärmeausstoß mit dem ihr Tunesienbericht gesegnet ist. Aus und vorbei. Wieso ich davon hier noch schwafele. Entschuldigung. Ich hörte damals schon mehr weg als ihr zu und denke heute nicht über den Bademantel nach, ob er in ihrer Heimat erworben worden sein könnte. Und wie ich das so über den Mantel denke, sehe ich diesen Delphin im Muster, ganz oben, kurz vor ihrem Ausschnitt. Er scheint im Sprung begriffen. Ich weiß, ich muss das hier nicht unbedingt erwähnen, aber ich nutze die Gelegenheit gern, mich von allem zu befreien. Ich stelle mir die Brust der Nachbarin jetzt nur noch als zwei Frostbeulen vor. Und wenn die Nachbarin von in Zeitungspapier eingewickelten Sonnenblumenkernen redet, weiß ich, dass auch gut und gern Patronen und Splitterbomben gemeint sein können. Schwamm drüber. Sie und ihr Gerede gibt es nicht mehr, wird es niemals mehr in meinem Leben geben. Und auch nicht mehr diesen Traum von ihr und mir, weit oben unterm freien Himmel im Hafen von Hammamet, wohin ich oft genug in meinem Träumen mit ihr unterwegs war. Sie steht nicht mehr im Bademantel vor mir. Sie weint nicht mehr. Der Bademantel ist nicht mehr so schick und dunkelblau, so verführerisch und glänzend mit eingestickter Tresse versehen, wie noch vor ein paar Tagen. Der Stoff erscheint mir nicht mehr so edel und von feinseidiger Natur, eher feindlich und im Verbund mit fremden Mächten, wenn ich das einmal so formulieren darf. Ich bin da nicht der große Experte darin. Ich weiß nur, dass man mich beeinflusst hat, ich wie unter Drogen gesetzt im Haus herumgelaufen bin und sonst etwas hätte mit mir geschehen können. Nicht auszudenken, ich und ein Schläfer oder wie das heißt. Ich kann zu ihrer Kleidung heute frei Tinnef und Plunder sagen. Der Reiz, den sie auf mich ausgeübt hat, ist abgearbeitet und ausgestanden. Sie kann jetzt in meinem Inneren reden, was ihre Oberen wollen, selbst, dass, wenn Hochzeit ist, die Weiber kreischen und sie dieses Kreischen mit ihren Zungen erzeugen. Schrille, helle Laute, die wie Flügel flattern. Sie erreicht mein Herz nicht mehr. Ich staune nur, woher sie wusste, dass ich Schriftsteller bin, echt einmal? Wer ihr das gesteckt hat, vielleicht wissen Sie ja etwas darüber? Bin echt schon darüber verwundert, meine Identität ihr gegenüber nicht gewahrt zu sehen. Was, denke ich, geht so eine Person mein Zeitungskram, mein Überlebensgeschmiere, meine Brotarbeit an? Wir alle im Haus, meine ich stellvertretend sagen zu dürfen, sind froh darüber, dass dieser illegale Aufenthalt endlich entdeckt worden ist, konsequent und rasch gehandelt wurde. Die neue Mieterin wird uns sicher gefallen, was man so hört von ihr, klingt alles schon sehr viel mehr vielversprechend positiv. Auch wenn das nur eine vorübergehende Lösung sein soll, wie im Haus gemunkelt wird.

SCHNEE
Christine Zureich

Wenn du an Drees denkst, denkst du an sein Haar, dicht und fein wie Maulwurfsfell. Seidenmattes Schwarz. Von der Sonne getroffen, konnte es unvermittelt rötlich aufleuchten.

Die Pfütze vor dem Kiosk ist gefroren. Du stellst dir vor, darauf auszurutschen. Ein Hämatom am Knie. Es würde Heiligabend milchigschwarz sein, wie die Wolken über den Gauben. Du hattest mal einen Knutschfleck: Hochsommer, 37 Grad und du mit Drees' St. Pauli-Schal um den Hals.

Frost hat das liegen gebliebene Laub eingefasst. Scharfe kleine Kristalle. Kann sein, dass die Postfrau noch gar nicht da war. Die Leute schreiben im Dezember viel auf Papier. Deine Nervosität ist inzwischen auch eher rituell, automatisiert: Die Hand gleitet in die Tasche, berührt Metall, Schlüsselklimpern (Pawlow'sches Glöckchen); du denkst an ein Maulwurfsfell und eine Handschrift: ein kleines d, auch am Wortanfang, aus Prinzip. Seit du deinen Brief eingeworfen hast, sind Wochen vergangen. Oktober war es. Auf dem Nachhauseweg geht dein Puls jetzt fast wieder normal.

Du kannst Schnee riechen, noch bevor er fällt. Paradox ist der Geruch, zugleich staubig und frisch. Wie Sommerregen auf Asphalt, nur in Kalt. Du bist abgestiegen, schiebst die alte Gazelle die letzten paar Meter. Immer noch das gleiche Rad. Den ganzen Sommer wart ihr unterwegs. Nächte pflücken, damals.

Robert hat dir hinten auf den Gepäckträger einen roten Kindersitz geschraubt, den du immer wieder vergisst: Stehst auf dem Marktplatz und suchst nach einem schwarzen Hollandrad, einfach einem schwarzen Rad, bis dir alles wieder einfällt. Mann, Kind.

Du nimmst eine Hand von der Lenkstange, schlägst das Revers hoch, die Gazelle schlingert. Leder ist zu dünn für Dezember, aber du musstest heute genau diese Jacke tragen. Dein neununddreißigster Winter ist farblos, wie mit Asche gestreckt, du brauchtest ein Statement gegen die Vernunft. Frierend scheint dir das lächerlich. Zu viel Bedeutung für ein Kleidungsstück.

Die Wolken hängen geschwollen vom Schnee über den Häusern. Hineinstechen wäre gut, denkst du, Druck nehmen. Auf der Treppe zu seinem Laden steht der Friseur, schüttelt Handtücher aus.

»Na, wo ist der Kleine?«

»Im Kindergarten noch.«

Aus einem Auto am Bordstein dringt der treibende Synthibeat von The Cure. *Boys Don't Cry*. Ein Grund zum Weinen: jemandem so egal sein, dass auch ein Brief nach achtzehn Jahren nicht rührt. Oder hat Drees ihn gelesen und wieder gelesen, das Papier befühlt, daran gerochen, die Neigung der Buchstaben studiert? Vielleicht hat er mehr gelesen, als dir lieb ist, deshalb keine Antwort.

Auf den nutzlos von den Dachfirsten ins Grau ragenden Antennen drängt sich eine Gruppe Krähen. Nur kurz hast du die Augen nach oben gerichtet und wie du wieder geradeaus schaust, kommt er deine Straße entlang, genau auf dich zu. Erkennen ist mehr als Augen, Nase, Mund. Du erinnerst die Art zu gehen, den Kopf leicht schräg zu halten, das Schattenspiel auf Gesicht und Hals, auch den Winkel von Ellenbogen zu Hüfte, wenn die Hand in der Hosentasche steckt. *Jahrgangsschönster*, hieß es in der Abizeitung (S. 16).

Natürlich nimmst du die Erscheinung nicht ernst. Nur weil du eines Tages beschlossen hast, einen Brief zu schreiben, geht er nicht kurz darauf halblächelnd deine Straße entlang. Er lässt sich nicht beschwören, erinnerst du dich? Außerdem gehören Kopf-Filmchen fest zu deinem Reiz-/Reaktions-Inventar: Schlüsselklingeln am Briefkasten und Film ab. (Das Klingeln ist nur ein Trigger unter vielen. Gerüche gehören dazu, Musik).

Mit diesen Pawlow-Filmchen verhält es sich so: Regie führst du, aber die Plots habt ihr zusammen entwickelt, Drees und du, im

Schwimmbad auf dem Handtuch, das Haar tropfnass; ineinander verschlungen auf dem Hochbett; am Flipperkasten, Cabinet rauchend. Logline: Ihr würdet anders werden als die anderen. Tanzen, lieben, für die Freiheit kämpfen.

Aus dem Auto am Bordstein steigt ein Student (Parka, Bart, Canvas-Rucksack). Lauter als vorher, weil die Tür jetzt offen steht, tönt Joy Division. Könnte eines eurer Mixtapes von früher sein. *Love will tear us apart*. Perfekter Soundtrack für diese Szene. Absolut authentisch. Doch etwas stimmt nicht. Visuell. Ein Bruch, eine Störung. Das Kind an Drees' Hand. Es ist nicht das Kind, von dem ihr im Halbernst geredet habt. Augen, Nase, Mund. Dir entfährt ein Laut, wie von einem kleinen Tier.

Die Drees-Figur beginnt zu sprechen. »Dein Brief – Nelly und ich, wir dachten, wir kommen und antworten persönlich.«

Unter dem lose hängenden Mantel trägt er den gleichen Pullover wie früher, dunkle Wolle, in dicken Reihen patentgestrickt. Der Zipper ist hochgezogen bis unter den Kehlkopf. Dem Pullover fehlt der billige Glanz von Acryl. Keine losen Fäden, Rippe um Rippe suchst du ab. Wenn du ihn anfassen würdest, bekämst du keinen Schlag von der statischen Ladung. (Du fasst ihn nicht an).

Das Mädchen – Nelly – lacht, als würde es dich kennen, lacht, bis von den schrägen Augen nur noch Schlitze bleiben. Dir wird schwindelig, oder das Muttermal auf Drees' Wangenknochen tanzt wirklich Pogo. Dieses Muttermal: die Einladung zu einer Berührung. Du wolltest schon einen Finger darauf legen, ehe du Drees' Namen kanntest. Die eiskalte Luft sticht in deinen Bronchien.

Drees zeigt auf den roten Sitz hinten an deinem Rad. »Nelly würde ich da nicht mehr reinkriegen.«

Nelly ist kräftig, wie aus einem Stück Holz gehauen, einem Stamm. Sie lässt Drees Hand los, stellt sich hinter dich, ganz nah; ihr Blick brennt auf deinem Rücken, denkst du, aber wie du über deine Schulter schaust, spielt sie am Kindersitz herum. Ihr Kopf ist geneigt, aus den halbgeöffneten Lippen drängt die Zunge, die viel zu groß ist für einen Kindermund.

»Du trägst immer noch den gleichen Pulli«, sagst du und kannst es nicht fassen. Dein erster Satz nach achtzehn Jahren.

Drees verzieht das Gesicht. »Nur an Wochenenden«, sagt er, »und in den Ferien. Ich bin in der Bank gelandet. Strange, was?« Er schüttelt den Kopf.

»Öffentlicher Dienst«, sagst du und versuchst eine Grimasse, die dich nicht zu sehr entstellt. Vor euren Münden mischen sich die Atemwolken. »Dienstags arbeite ich länger. Jules ist noch im Kindergarten. Er wird im März fünf.« Du zupfst an den ledernen Ärmeln deiner Jacke, aber sie wollen nicht über die rot gefrorenen Hände reichen.

»Jules«, sagt Drees und nickt. Ihm gefällt der Name. Du bist erleichtert. Und du ärgerst dich: dass dir das immer noch wichtig ist. Ihr wart so jung damals.

Als du die Tür zu eurem Hinterhof aufschließt, drängelt Nelly unter deinem Arm hindurch auf das winzige Stück Wiese, lacht, als sie das Spielhaus von Jules und den anderen entdeckt. Wie eine Axt lässt sie das Seil am Giebel gegen die Holzbretter schlagen. Ihr Gesicht leuchtet, berauscht vom Krachen, der eigenen Kraft. Sie ruft etwas, wiederholt es. Du verstehst sie nicht, nickst aber, lächelst. Noch einmal nachzufragen, denkst du, wäre so plump wie laut Chromosomen abzuzählen. Er war immer ein Perfektionist, Drees.

»Schön hier.« Drees zieht die Schultern hoch. »Vermutet man nicht, so in der Stadt. Und die Wohnung?« Eine Strähne fällt über sein Auge. Er trägt den Pony länger als früher. Du stellst die Gazelle ab.

»Wollen wir hoch?«, sagst du.

Sofort knallt dir die Hitze ins Gesicht, haut dir Bilder um die Ohren, Doppelbelichtungen. Du hast Wort für Wort euren Code benutzt von damals, wenn ihr es nicht länger aushalten konntet, das Keuchen und Küssen, die Zungen, die Lippen. Eure Klamotten habt ihr beim Hinaufklettern einfach vom Hochbett geworfen. Unterhosen, schlaffe Socken. Robert und Jules tragen nichts ins Bad und auf dem Frühstückstisch kleben noch krustige Riffe aus verschütteter Milch und Brotkrümeln.

Drees' Mutter steckt den Kopf durch die Tür, um euch zum Mittagessen zu wecken. »Es riecht nach Hasenstall hier!« Sie rümpft die Nase. Du kannst ihr nicht in die Augen schauen.

Erinnert Drees sich? Du kannst ihm nicht in die Augen schauen.

»Pap-pa!« Nelly stampft auf euch zu, Arme in der Luft. »Fliiiieg!« Du machst dich steif, doch Drees fängt das Mädchen vor dem Zusammenstoß ab, legt ihr eine Hand auf den Scheitel. »Später, Nelly, später.« Das Mädchen wirft sich zu Boden, windet sich, stöhnt, als entrisse man ihm mit bloßen Händen Magen, Niere, Herz. Dann plötzlich Stille. Nur noch Nellys rasselnder Atem. Ihre Augen sind von unten auf dich gerichtet. Mit einem Ruck springt sie auf, schiebt ihre Hand in deine. Die Hand – du bist verwundert, wie sie sich anfühlt, schwer und breit, eine Tatze, fast quadratisch. Eine gute Hand, eine, die du gerne hältst, obwohl sie dir fremd ist.

»Du«, sagt Nelly, »du« und bettelt dich mit ihren Mandelaugen an.

»Sie will Engelein flieg spielen«, sagt Drees. »Mit dir.« Er hebt die Achseln. Sein Lächeln ist etwas verrutscht. Auf einmal fällt dir ein, wie sein Haaransatz riecht, hinten im Nacken: Rosinenbaumblätter. Einmal, auf einer Reise, hast du welche in einem Park gefunden, in einen Umschlag gesteckt und mit einer Collage aus bunten Briefmarken darauf an deine eigene Adresse geschickt. Du wolltest ihn nie vergessen, diesen Geruch.

Nelly ruft: »Eins, eins, eins«, lässt sich an deinem Arm fallen, ihre Knie schrappen am Boden. Du winkelst die Ellbogen an, ziehst, als müsstest du sie retten. Du schmeckst Blut, Metall. Hast dir wohl auf die Lippe gebissen.

»Komm Nelly, gib mir die andere Hand«, sagt Drees. Er zählt an: »Nelly-Bär, Nelly-Bär, fliiieg.«

Anlaufen, ausholen, schwingen, anlaufen, ausholen, schwingen. Eure Bewegungen laufen glatt, synchron, eine Drei-Körper-Einheit. Du spürst Nellys Bären-Lachen in der Handfläche.

Die Tür zum Hinterhof wird aufgestoßen. Die Nachbarin aus dem dritten Stock schleppt Einkaufstüten an. Sie lächelt, nickt. Dann erstarrt ihr Lächeln. »Ah, ich dachte ...« Kannst dir denken, was sie dachte, »Vater, Mutter, Kind«, bis sie merkte: falscher Mann, falsches Kind. Und dann die Diagnose.

Spießerin! Du wirst zornig, so zornig, dass du merkst, du meinst nicht sie, du meinst ja dich! Du bist es doch, die ins Wanken gerät, weil sein Leben abweicht von eurem Plan. Du spielst doch in deinem Kopf ewig die ausgelutschten B-Movies rauf und runter. Du musst doch Drees unbedingt perfekt haben, damit dein Leben auch perfekt sein könnte, wenn nur, wenn ...

»Engel fliiiiieg!« Nelly, die Bärin, lässt keine Zeit für Mindfucks. Sie wirft die runden Beine Richtung Himmel. »Noch! Noch!« Ihre Hände glühen. Anlaufen, ausholen, schwingen. Zum ersten Mal heute ist dir warm, reicht die Lederjacke. Du musst dich konzentrieren, ganz da sein mit deiner Aufmerksamkeit, sonst kommt ihr aus dem Takt.

Mit einem Mal reißt Nelly sich von euch los. Sie hat etwas entdeckt im hartgefrorenen Gras, geht tief in die Hocke, Nase fast am Boden. Von irgendwoher fällt Licht auf sie, einen Augenblick lang schimmert ihr Haar rötlich.

Drees und du, ihr lasst die Arme ohne Nelly weiterschwingen, nachpendeln, bis eure Hände sich finden.

»Das nächste Mal müsst ihr kommen, wenn Jules da ist. Und Robert. Meine Familie«, sagst du und schaust Drees in die Augen. Bernsteinaugenblitzen; Lachfalten, die du noch nicht kennst. Du lächelst zurück. Dann lasst ihr los. Die warme Hand, deine Schwunghand, fühlt sich größer an als die andere.

Nelly hat den Kopf in den Nacken gelegt; mit der Zunge fängt sie die ersten dicken Flocken.

Die Autoren

MARTIN AHRENDS, 1951 in Berlin geboren. Studium der Musik, Philosophie, Theaterregie in Ostberlin, tätig als Redakteur einer Zeitschrift für ernste Musik und als wissenschaftlicher Mitarbeiter an der Komischen Oper. Nach einem politisch begründeten Arbeitsverbot 1982 Ausreiseantrag, Ausreise 1984. 1986 bis 1996 Redakteur und freier Mitarbeiter der Wochenzeitung *Die Zeit*, seither freier Autor. Neben publizistischen Arbeiten auch literarische Veröffentlichungen: Erzählungen, Romane u.a. bei Kiepenheuer & Witsch, im Aufbau Verlag und bei Wallstein.

RASMUS ALTHAUS, geboren 1980 in Lübeck, lebt mit seiner Familie in Leipzig. Landschaftspfleger in der Gewässerunterhaltung und Autor, u.a. für den *Merkur*. Verbrachte fünf Jahre als Germanistik-Dozent bzw. Friedensdienstleister in Dänemark, China, den Niederlanden und Rumänien. Hat gerade seinen ersten Roman abgeschlossen, mit dem er 2013 zum Klagenfurter Literaturkurs eingeladen wurde; er handelt vom Reisen und Zuhausebleiben

ANNA BASENER, geboren 1983 in Essen, lebt in Berlin. Tätigkeit als freie Schriftstellerin, *Business Punk*-Kolumnistin und *Vice*-Autorin. Ihr literarisches Debüt wird 2016 im Eichborn Verlag erscheinen. Sie finanzierte ihr Studium mit dem Schreiben von Heftromanen und war damals laut *Die Zeit* die »erfolgreichste Groschenromanautorin Deutschlands«. Ihr Sachbuch *Heftromane schreiben und veröffentlichen* wurde in der *Süddeutschen* besprochen.

ANDREA BEHRENS, geboren 1971 in Berlin, lebt in Düsseldorf. Sie lernte als Einzelkind umzugsfreudiger Eltern neben vielen Ecken Deutschlands auch einige fremde Länder kennen. Studierte Visuelle Kommunikation. Sie verfasste typografische Lyrik, schrieb Funkspots und wählte das Thema »Hörbücher« für ihre Diplomarbeit. 2014 gewann sie bei einer Wettbewerbsausschreibung des Oldigor-Verlages. Arbeitet als freier Artdirector in der Werbung und schreibt an ihrem ersten Roman.

THILO BOCK, 1973 in Berlin geboren, wo er seit vielen Jahren vor Publikum liest, singt und trinkt. Er ist Gastgeber der Randkulturveranstaltung *Dichter als Goethe.* Von ihm stammen die Romane *Die geladene Knarre von Andreas Baader* (KIWI 2009), *Senatsreserve* (FAV 2011) und *Tempelhofer Feld* (F & F 2014) sowie die Erzählbände *Vogel sucht Fallschirm* (VaP 1997) und *Dichter als Goethe* (Satyr 2013). Seit 2011 gehört er zur Redaktion der Literaturzeitschrift *Salbader.*

ANNA-THERESIA BOHN, geboren 1989 in Mainz. Sie lebt in Berlin. Studium der Germanistik, Amerikanistik und Literaturwissenschaften an der Johannes Gutenberg-Universität, der New York University und der Freien Universität Berlin. Veröffentlichungen u.a. in den Anthologien *der horizont hängt schief* (2008), *Die Zukunft beginnt mit Passfotos* (2008), *Die unverschämte Gegenwart* im Jahrbuch für Literatur 15 (2009), *Der Deutschunterricht* (3/2012). Preisträgerin Treffen Junger Autoren (2007). Auswahl zur »Berliner Meisterklasse« (2014).

LISA BREDEBACH, 1989 in Siegen geboren. Nach einem einjährigen Aufenthalt in Washington D.C. zog sie 2010 nach Heidelberg und studiert dort bis heute Philosophie und Germanistik. Sie arbeitet an einer Sprachschule und betreibt einen eigenen literarischen Blog www.nurmutzurluecke.wordpress.com. Hier hat sie u.a. die Texte *Mein Kater ist verschwunden, Läuft bei dir!* und *Fomo* veröffentlicht.

HELENE BUKOWSKI, 1993 in Berlin-Friedrichshain geboren und aufgewachsen. Seit 2013 studiert sie Kreatives Schreiben und Kulturjournalismus in Hildesheim. Veröffentlichte bereits als Schülerin. Mitherausgeberin der *Landpartie 15* (zu Klampen Verlag). Zuletzt: *Hamburg* (2014) in *Diapositive,* Anthologie der Erstsemester Kreatives Schreiben und Kulturjournalismus.

ANJA DOLATTA, 1993 in Hannover geboren. Sie studiert seit 2011 an der Leibniz Universität Hannover Deutsch und Philosophie. 2010 nahm sie erfolgreich am Treffen junger Autoren teil, 2012 am Literaturlabor Wolfenbüttel. Veröffentlichungen: *Muschelschmalz* in der Anthologie des 25. Treffens Junger Autoren (2010) sowie Texte in *Destillate,* Literatur Labor Wolfenbüttel (2012).

CAROLA GRUBER, 1983 in Bonn geboren, lebt als Autorin, Journalistin und Dozentin für Kreatives Schreiben in München. Sie studierte u.a. Kreatives Schreiben und Kulturjournalismus in Berlin, Hildesheim und Montreal. Nach der Promotion in Neuerer deutscher Literatur war sie Stadtschreiberin von Ranis (2011/12) und von Schwaz (2012). Veröffentlichungen: *Alles an seinem Platz* (Poetenladen 2008), *Stoffelhop-*

pels Untergang (Edition Ranis 2012). Weitere Veröffentlichungen von Prosa in: *Am Erker, etcetera, Landpartie, poet.*

TINO HANEKAMP, geboren 1979 in Sachsen-Anhalt. Abitur, Umzug, Reisen, Arbeit als freier Journalist, 2003 Gründung des Musikclubs *Weltbühne* in Hamburg, 2005 Gründung des Musikclubs *Uebel & Gefährlich* ebenfalls Hamburg. 2011 Veröffentlichung des Debütromans *So was von da* bei Kiepenheuer & Witsch. Preise: Silberschweinpreis der Lit.Cologne, Kasseler Förderpreis für komische Literatur, Hamburger Literaturförderpreis.

IRINA KILIMNIK, geboren 1978 in Odessa (Ukraine), lebt in Berlin. 1993 Übersiedlung nach Deutschland. Studium der Humanmedizin in Berlin und Mediapublishing an der Hochschule der Medien in Stuttgart. Arbeitet in der PR-Branche und veröffentlicht Essays und Kurzgeschichten, u.a. *Zhuangzi* in *Frühstück mit Axt*, Hrsg. Michael Hametner, Verlag Neues Leben 2012. Finalistin beim MDR-Literaturwettbewerb 2012, Teilnehmerin des Klagenfurter Literaturkurses 2014.

MADITA KRÜGLER, geboren 1991 in Duisburg, lebt zurzeit in Bremen. Studierte Kreatives Schreiben und Kulturjournalismus in Hildesheim und schrieb Artikel für die *Rheinische Post* Duisburg. Bisherige literarische Publikationen umfassen einen mit 18 Jahren vollendeten fantastischen Jugendroman und Veröffentlichungen in Anthologien, zuletzt in der *Landpartie 14* (Edition Paechterhaus 2014). Studiert gegenwärtig Transnationale Literaturwissenschaft in Bremen.

MAJA LOEWE, geboren 1977 in Lübeck. Am Meer entdeckte sie die Sehnsucht nach der Ferne und dem Schreiben. Sie machte das Abitur, lernte in einem kleinen hanseatischen Betrieb, packte die Koffer, servierte Orangensaft über den Wolken und führte Touristen durch Venedig. Nach dem Studium der Kulturwissenschaften zog sie nach Hannover. In Kürze erscheint ihr Mystery-Thriller *Die Augen des Iriden* im Papierverzierer Verlag.

KATHRIN NEUHAUS, 1976 in Hagen geboren, lebt in Ennepetal. Arbeit als Marketingreferentin und PR-Beraterin. Nebenbei Veröffentlichungen von Lyrik und Prosa, u.a. in der Zeitschrift *Kurzgeschichten* (7/2008) und der Anthologie *Brennpunkte* (2008). 3. Preis Prosa beim Literaturwettbewerb des Autorenkreises Ruhr-Mark e.V. 2007, Auswahl unter die Top 16 beim Wiener Werkstattpreis 2013.

LAURA ELISA NUNZIANTE, 1986 in der Nähe von Osnabrück geboren. Studium des Kreativen Schreibens in London; Auszeichnung mit dem

Sandra Ashman Poetry Award. Werbetexterin bei Saatchi & Saatchi, Veröffentlichungen in der Literaturzeitschrift *Maulkorb*, bei *Spiegel Online*, *Huffington Post*, in der *Neuen Osnabrücker Zeitung*. Lebt als freie Autorin und Texterin in Frankfurt am Main.

RONYA OTHMANN, geboren 1993 in München. Nahm nach dem Abitur an einem Kunstprojekt teil (International Munich Art Lab) und studiert jetzt am Deutschen Literaturinstitut Leipzig. Arbeitete in verschiedenen Jobs. Auszeichnungen: u.a. Preisträgerin beim Treffen Junger Autoren 2013, Leonhard und Ida Wolf-Gedächtnispreis München 2013. Aufenthaltsstipendium im Künstlerhaus Lukas 2014. Veröffentlichung in Zeitschriften und Anthologien. Lebt in Leipzig.

ALBERT PALL, geboren 1959 in Zell am See, lebt in Graz. Arbeit als Losverkäufer, Werbegrafiker, Beleuchter, Requisiteur und Journalist. Zahlreich Veröffentlichungen, zuletzt *...der radio-oper*, ORF 2010, Kurzgeschichte *schwiegermüll*, ORF 2006, *keks und karpfen*, ein Weihnachtshörspiel, ORF 2005.

GEORG PETZ, geboren 1977 in Wien, lebt in Graz. Studium der Anglistik und Germanistik, Dissertation. Unterrichtet am Gymnasium Hartberg und am Institut für Anglistik in Graz. Arbeitet u.a. für die Jugend-Literaturwerkstatt Graz und die Literaturzeitschrift *Lichtungen*. Auszeichnungen: u.a. 1. Platz beim Literaturwettbewerb der Akademie Graz 2004, Einladung zur Alfred-Döblin-Werkstatt 2005, Österreichisches Staatsstipendium für Literatur 2008/09 und 2013/14 sowie Einladung zu den Tagen der deutschsprachigen Literatur in Klagenfurt 2014. *Bildstill*, Roman (Leykam 2011), *Déjavu*, Roman (Bibliothek der Provinz 2012).

TANJA RAICH, 1986 in Meran (Italien) geboren, lebt und arbeitet seit 2005 in Wien. Studium der Germanistik und Geschichte in Wien. 2014: Exil-Literaturpreis und Aufenthaltsstipendium in der Casa Litterarum Paliano, 2015: Rom-Stipendium. Veröffentlichungen in Anthologien und Literaturzeitschriften (*Kolik, Die Rampe, DUM*, u.a.)

NILS TREUTLEIN, geboren 1981 in München, wo er auch lebt. Zeitweise Texter in der Werbung, dann Schwenk in die Marktforschung und -beratung. Seit 2012 Studium Grafik und Werbung in Wien. Gründer und Herausgeber von *Jenny – Denken, Behaupten, Großtun*, Jahresanthologie des Instituts für Sprachkunst an der Universität für angewandte Kunst Wien. Veröffentlichungen in *Bella Triste* und *Lautschrift* 2012 mit Lyrik und Essay.

FRÉDÉRIC VALIN, geboren 1982 in Wangen im Allgäu, lebt und arbeitet in Berlin. Bisher sind von ihm die Erzählbände *Randgruppenmitglied* (Verbrecherverlag 2010) und *In kleinen Städten* (Verbrecherverlag 2013) sowie der Essay *Trinken gehen* (Frohmann 2014) erschienen.

ANNA-KATHRIN WARNER, geboren 1968 in Idar-Oberstein, lebt bei Hamburg. Studierte Germanistik, Philosophie und Ethnologie in Bonn und Hamburg und promovierte an der Universität Bremen mit einer ethnologischen Forschung. Veröffentlichungen in Literaturzeitschriften (u. a. *Entwürfe, Lichtungen, Konzepte*) und Anthologien (zuletzt: *Ziegel 14.* Hamburger Jahrbuch für Literatur 2014/15). Derzeit schreibt sie an ihrem zweiten Roman. 2. Preis des Würth-Literaturpreises 2011; 2014 Arbeitsstipendium der Hamburger Kulturbehörde.

PETER WAWERZINEK wurde 1954 unter dem Namen Peter Runkel in Rostock geboren. Wuchs in verschiedenen Heimen und bei verschiedenen Pflegeeltern auf. Seit 1988 freier Schriftsteller, Stegreif-Performer, Regisseur und Hörspielautor. Veröffentlichungen u. a.: *Moppel Schappiks Tätowierungen* (1991), *Das Kind, das ich war* (1994). Sein Roman *Rabenliebe* (Galiani-Verlag 2010) war nominiert für den Deutschen Buchpreis (Shortlist). 2014 folgte der Roman *Schluckspecht* (Galiani). Preise: u.a. Ingeborg-Bachmann-Preis 2010.

CHRISTINE ZUREICH, geboren1972 in Suffern, New York, lebt in Konstanz. Nach dem Studium u.a. der Soziologie, Amerikanistik, Skandinavistik und Volkswirtschaftslehre Volontariat im Weltkulturerbe *Völklinger Hütte – Europäisches Zentrum für Kunst und Industriekultur*. Arbeit als Lektorin, Übersetzerin, Sprachtrainerin, Museumspädagogin und Musiklehrerin. Literarische Veröffentlichungen u.a. *Winterspeck* (Anthologie *Gut und Böse*, net-Verlag 2011), *Anger Management* (Anthologie *Ist doch so!*, Edition Leserunde 2011).